LUTAS DE CLASSES NA RÚSSIA

Karl Marx e Friedrich Engels

LUTAS DE CLASSES NA RÚSSIA

Organização e introdução
Michael Löwy

Tradução
Nélio Schneider

Copyright da tradução © Boitempo Editorial, 2013

Manuscritos originais, notas e introduções usadas neste livro estão em: Marx-Engels-Gesamtausgabe (MEGA-2), "Werke, Artikel, Entwürfe", v. I/24, I/25 e I/32, 1984-2010, e Marx-Engels Archiv, "Zeitschrift des Marx-Engels-Instituts in Moskau", org. D. Riazanov, v. I, Frankfurt, Sauer & Auvermann, [1928] 1969.

Coordenação editorial	Ivana Jinkings
Editores-adjuntos	Bibiana Leme e João Alexandre Peschanski
Assistência editorial	Livia Campos e Thaisa Burani
Coordenação de produção	Juliana Brandt
Assistência de produção	Livia Viganó
Tradução	Nélio Schneider
Revisão	Paula Nogueira
Índice onomástico	Thaisa Burani
Pesquisa iconográfica	Marina Sousa
Capa	Antonio Kehl
	montagem livre sobre desenho de Cássio Loredano
Diagramação	Livia Campos

CIP-BRASIL. CATALOGAÇÃO-NA-FONTE
SINDICATO NACIONAL DOS EDITORES DE LIVROS, RJ

M355L

Marx, Karl, 1818-1883
    Lutas de classes na Rússia / Karl Marx, Friedrich Engels ; organização Michael Löwy ; tradução Nélio Schneider. - 1. ed. - São Paulo : Boitempo, 2013.
    il. (Marx e Engels)

Inclui índice
ISBN 978-85-7559-349-3

    1. Conflito social - Rússia - História - Séc. XIX. 2. Comunismo - Rússia - História - Séc. XIX. 3. Rússia - Condições sociais - Séc. XIX. I. Löwy, Michael. II. Engels, Friedrich, 1820-1895. III. Título. IV. Série.

13-04852   CDD: 947
                                                                                    CDU: 94(47)

É vedada a reprodução de qualquer
parte deste livro sem a expressa autorização da editora.

1ª edição: outubro de 2013; 3ª reimpressão: fevereiro de 2025

BOITEMPO
Jinkings Editores Associados Ltda.
Rua Pereira Leite, 373
05442-000 São Paulo SP
Tel.: (11) 3875-7250 / 3875-7285
editor@boitempoeditorial.com.br | www.boitempoeditorial.com.br
www.blogdaboitempo.com.br | www.youtube.com/tvboitempo

SUMÁRIO

NOTA DA EDITORA 7

INTRODUÇÃO – Dialética revolucionária contra a ideologia
burguesa do *Progresso*, Michael Löwy 9

Literatura de refugiados, *Friedrich Engels* 17
   Observação prévia à brochura "Questões sociais da Rússia" 33
   Literatura de refugiados V 36
      [*Der Volksstaat*, n. 43, 16 abr. 1875] 36
      [*Der Volksstaat*, n. 44, 18 abr. 1875] 43
      [*Der Volksstaat*, n. 45, 21 abr. 1875] 47

Carta à redação da *Otechestvenye Zapiski*, 1877, *Karl Marx* 57

A correspondência entre Vera Ivanovna Zasulitch e Karl Marx 71
   Vera Zasulitch e Karl Marx, *David Riazanov* 71
   Carta a Karl Marx, 16 fev. 1881, *Vera Ivanovna Zasulitch* 78
   Primeiro ao quarto esboços e carta a Vera Ivanovna Zasulitch,
   Karl Marx 80
      Primeiro esboço 88
      Segundo esboço 102
      Terceiro esboço 107
      Quarto esboço, 8 mar. 1881 113
      Carta a Vera Ivanovna Zasulitch, 8 mar. 1881 114

Prefácio à edição russa do *Manifesto Comunista*, 1882,
Karl Marx e Friedrich Engels 117

Posfácio [a "Questões sociais da Rússia"], 1894,
Friedrich Engels..127

ÍNDICE ONOMÁSTICO..143

CRONOLOGIA RESUMIDA DE MARX E ENGELS 151

NOTA DA EDITORA

Organizado pelo sociólogo Michael Löwy, este livro traça um panorama das visões de Marx e Engels sobre a Rússia. Os textos aqui incluídos, reunidos pela primeira vez em um mesmo volume no Brasil, marcam uma virada no pensamento desses autores. A coletânea se inicia com a brochura "Literatura de refugiados", escrita por Engels e publicada em 1875. Nas palavras de Löwy, trata-se de "uma espécie de momento zero" na interpretação da Rússia, então fundamentada em uma teoria da história marcadamente etapista. Engels revê essa interpretação original sobre a situação russa num posfácio à brochura, de 1894. A "Carta à redação da *Otechestvenye Zapiski*", redigida por Marx em 1877, marca a virada metodológica do materialismo histórico, que rompe com a perspectiva etapista. De grande impacto nos movimentos revolucionários russos, a "Carta" foi inclusive citada várias vezes por Lenin para justificar a análise das condições concretas de produção próprias à Rússia a partir do materialismo histórico. A relação entre *O capital* e a situação russa motivou uma troca de correspondência entre a revolucionária Vera Ivanovna Zasulitch e Marx, em 1881. A correspondência foi descoberta pelo historiador marxista David Riazanov, de quem incluímos uma introdução sobre a troca de mensagens na qual ele revela que a carta de Zasulitch "sem dúvida deve ter causado forte impressão em Marx", que escreveu quatro esboços antes de finalmente redigir a resposta. Compõem este livro tanto a mensagem da revolucionária russa quanto os esboços e a carta definitiva de Marx. No "Prefácio à edição russa do *Manifesto Comunista*", de 1882, Marx e Engels intervêm nas orientações dos movimentos políticos na Rússia, problematizando a atuação dos *narodniki*, e discorrem sobre as possibilidades da construção do comunismo nesse país a partir das comunidades rurais.

Nota da editora

A tradução dos textos de Marx e Engels tem como base a edição da Marx-Engels-Gesamtausgabe (MEGA-2), que vem restabelecendo os documentos e publicando em edições críticas tudo o que esses pensadores escreveram. A Boitempo Editorial agradece ao tradutor Rubens Enderle, responsável por pesquisar, organizar e enviar os textos originais de Berlim. As presentes versões da resposta de Marx a Zasulitch e o prefácio do *Manifesto* foram originalmente publicadas nas edições da Boitempo de *O capital*, Livro I (2013) e do *Manifesto Comunista* (1998), respectivamente. São da MEGA-2 as introduções sobre o surgimento e a publicação dos textos (indicadas entre colchetes, no início dos capítulos). As notas dos autores são sempre numeradas. As notas da edição alemã, desta edição e do tradutor são assinaladas com asterisco e respectivamente identificadas por (N. E. A.), (N. E.) e (N. T.). As notas com asterisco nos textos "Surgimento e publicação" são da edição alemã, a não ser quando indicado de outro modo. A Boitempo Editorial agradece a Gerald Hubmann, da Academia de Ciências e Humanidades de Berlim-Brandenburg, por autorizar a publicação dos textos de introdução e notas da MEGA-2, e ao tradutor deste livro, Nélio Schneider, pela seleção de notas da edição alemã.

Referências a textos e organizações foram mantidas em cirílico, quando essa opção seguia o original. A tradução dos trechos em russo foi feita por Paula Almeida. Nomes russos foram transliterados e padronizados, e o livro traz no fim um índice onomástico. Referências e expressões foram mantidas nos idiomas originais em que aparecem nos manuscritos, acompanhadas de tradução. O presente volume traz ainda uma cronologia resumida de Marx e Engels com aspectos fundamentais da vida pessoal, da militância política e da obra teórica de ambos, contendo informações úteis ao leitor, iniciado ou não na literatura marxiana.

Lutas de classes na Rússia marca a 17ª publicação da coleção Marx-Engels, parte do ambicioso projeto de traduzir toda a obra dos pensadores alemães a partir das fontes originais, com o auxílio de especialistas renomados. Em 2013, a Boitempo Editorial lançou uma nova tradução do Livro I de *O capital*, de Marx; os próximos lançamentos da coleção serão o *Anti-Dühring*, de Engels, e o Livro II de *O capital*.

Setembro de 2013

INTRODUÇÃO

DIALÉTICA REVOLUCIONÁRIA CONTRA A IDEOLOGIA BURGUESA DO *PROGRESSO*

Este volume reúne escritos de Marx e Engels sobre a Rússia durante o período de 1875 a 1894, os últimos anos de vida dos dois fundadores do socialismo moderno. Esta é a primeira vez que estes documentos são reunidos em forma de livro no Brasil[1]. Apesar de sua diversidade, apresentam uma grande coerência, não só temática – a futura Revolução Russa – mas também "filosófica".

Nosso interesse – meu e de Ivana Jinkings, responsável pela editora Boitempo – em editar este volume não é só tornar acessíveis ao público leitor brasileiro textos em sua maioria inéditos em português, mas também (e sobretudo) chamar a atenção para um aspecto da obra de Marx e de Engels pouco estudado, mas que nos parece da maior importância.

Com efeito, estes escritos – sobretudo os de Marx – significam uma ruptura profunda com qualquer interpretação unilinear, evolucionista, "etapista" e eurocêntrica do materialismo histórico. A partir de 1877, eles sugerem, ainda que não de forma desenvolvida, uma perspectiva dialética, policêntrica, que admite uma multiplicidade de formas de transformação histórica, e, sobretudo, a possibilidade que as revoluções sociais modernas comecem na periferia do sistema capitalista e não, como afirmavam alguns de seus escritos anteriores, no centro. Trata-se de uma verdadeira "virada" metodológica, política e estratégica, que antecipa, de forma surpreendente, os movimentos revolucionários do século XX.

---

[1] Existe uma edição em língua inglesa, organizada por Theodor Shanin: *Late Marx and the Russian Road. Marx and the "Peripheries of Capitalism"* (Nova York, Monthly Review Press, 1983).

Introdução

***

O primeiro destes documentos é uma polêmica de Engels em 1875 contra o ideólogo populista/blanquista Piotr Tkatchov (1844-1888), que sonhava com um socialismo russo baseado nas comunas rurais. O texto de Engels representa a etapa anterior à virada de que estamos falando. Sem dúvida as ideias de Tkatchov eram ingênuas e pouco realistas, mas o argumento de Engels tem forte viés economicista e proclama que não há na Rússia condições para uma revolução socialista, já que esta só pode ter lugar onde as forças produtivas atingiram seu mais alto nível, isto é, na Europa ocidental. Engels estava convencido da iminência de uma revolução contra o czarismo na Rússia – uma expectativa demasiado otimista –, mas acreditava que esta não poderia assumir feições socialistas: num primeiro momento, teria um caráter burguês/constitucional e, numa segunda fase, uma dinâmica camponesa mais radical. Mas de qualquer forma ele exclui que a comuna rural russa possa servir de base para um desenvolvimento socialista. Pode-se discutir se o juízo negativo do grande amigo de Marx sobre a comuna rural era justificado ou não, mas é inegável o peso do determinismo econômico em sua visão global sobre a revolução na Rússia e na Europa.

É exatamente esse o ponto de vista que Marx – e, mais tarde, em certa medida, o próprio Engels, sob a influência direta de seu amigo – vai superar a partir de 1877. O início dessa nova etapa se dá com a carta que Marx enviou em novembro de 1877 ao periódico russo *Otechestvenye Zapiski* [Notas Patrióticas], mais alinhado aos populistas, em resposta a um artigo publicado por Nicolai Mikhailovski, um dos principais teóricos do movimento *narodnik*. O ensaio de Mikhailovski se apresentava como uma "defesa" de Marx, mas acabava por lhe atribuir uma visão completamente unilinear e eurocêntrica da história. Em sua resposta, Marx reforça que seu capítulo de *O capital* sobre a acumulação primitiva, no qual descreve a brutal expropriação dos camponeses e a privatização capitalista das *commons*, as terras de uso coletivo, corresponde unicamente ao processo histórico da Europa ocidental, em particular da Inglaterra. Não se trata, de forma alguma, de uma "teoria histórico-filosófica do curso geral fatalmente imposto a todos os povos, independentemente das circunstâncias históricas nas quais eles se encontrem"*. Em outras palavras, Marx sugere que o futuro da Rússia, assim como de outros países não ocidentais, ainda estaria em aberto, e não necessariamente teria de seguir o mesmo caminho que levou à formação do capitalismo ocidental.

Fica clara, nesse documento, a simpatia de Marx por Nicolai Gavrilovitch Tchernichevski, um dos principais pensadores do socialismo *narodnik* e autor do romance *Que fazer?* (1863), que Lenin tanto apreciava, e por sua aposta no futuro da comunidade rural russa como base de uma nova sociedade. Se isto não acontecer, conclui Marx, e o desenvolvimento capitalista destruir a comuna (como desejavam os liberais russos), a Rússia terá perdido a maior oportunidade já oferecida a uma nação de evitar os horrores do capitalismo. Marx não chega a desenvolver a problemática, mas a importância dessa carta de 1877 para a compreensão da dialética histórica como processo multilinear é evidente. Embora a palavra "socialismo" não apareça, sugere-se claramente a possibilidade de uma via não capitalista para a Rússia.

Seguem-se então os esboços e a versão final da carta enviada à revolucionária russa Vera Zasulitch, redigidos por Marx em março de 1881. Zasulitch, que participou em 1878 de um atentado contra o coronel Trepov, governador czarista de São Petersburgo, fazia parte, ao lado de Georgi Plekhanov e Pavel Axelrod, de um grupo de revolucionários russos exilados em Genebra. Dissidentes do movimento *narodnik* – os assim chamados "populistas" da organização Narodnaia Volia [A Vontade do Povo] –, formam o grupo Tchorny Péredel [Partilha Negra], interessado pelas ideias de Marx e cujo nome se refere a um programa radical de reforma agrária. Alguns anos depois, os três figurariam entre os principais fundadores do Partido Operário Social-Democrata Russo e, um pouco mais tarde, de sua ala menchevique. Zasulitch explica em sua missiva a Marx que seus discípulos, os marxistas russos, baseando-se no famoso capítulo sobre a acumulação primitiva de *O capital*, consideravam a comuna rural uma formação arcaica condenada ao desaparecimento

---

* Nesta edição, p. 68. (N. E.)

Introdução

pelo progresso histórico. Marx lhe responde com uma breve carta – em francês, como a de sua interlocutora –, na qual insiste, como já havia feito em 1877, que as análises históricas de *O capital* se aplicam tão somente à Europa ocidental e que, por conseguinte, não se poderia excluir a hipótese de que a comuna russa fosse capaz de se tornar o ponto de partida da "regeneração social" da Rússia – uma expressão que se refere, implicitamente, ao socialismo.

Os esboços da carta – uma série de documentos preparatórios, bem mais desenvolvidos que a missiva final – são muito mais explícitos. Marx começa rejeitando os argumentos de seus pretensos discípulos russos: "os 'marxistas' russos de que falais me são desconhecidos. Os russos com os quais tenho relações pessoais, ao que eu saiba, têm pontos de vista totalmente opostos"*. Marx se refere provavelmente a Piotr Lavrov e Nicolai-On (Danielson), dois teóricos do socialismo populista que eram seus principais correspondentes russos. Assim como eles, Marx via na comuna rural a possibilidade de a Rússia escapar dos sofrimentos (*"fourches caudines"*, expressão intraduzível!) do capitalismo e desenvolver uma economia coletivista. E é evidente que, para tanto, seria necessária uma revolução russa, o único meio de vencer os inimigos da comuna camponesa. Nesse caso, a sociedade russa não só seria regenerada como também se tornaria superior aos países ocidentais escravizados pelo regime capitalista, graças ao coletivismo e ao trabalho cooperativo. Ele enxergava a possibilidade de uma convergência entre essa suposta transformação revolucionária na Rússia e um processo revolucionário no Ocidente, onde, graças à crise do capitalismo, estavam sendo criadas as condições para o socialismo, isto é, para "o retorno das sociedades modernas a uma forma superior de um tipo 'arcaico'"**.

Não obstante o caráter fragmentário e incompleto da argumentação, dispersa entre os vários esboços e a carta final, a importância desses documentos é considerável. Segundo Maximilien Rubel, devem ser considerados como um verdadeiro "testamento político" de Marx, uma vez

---

*   Cf. neste volume p. 104. (N. E.)
** Nesta edição, p. 95-6. (N. E.)

que se trata efetivamente de um dos últimos textos antes de sua morte, em 1883. Marx rejeita as concepções etapistas dos pretensos "marxistas" russos (as aspas irônicas são do próprio Marx), convencidos de que se deveria esperar que o capitalismo se desenvolvesse na Rússia, conforme o modelo ocidental. Rompendo com a ideologia liberal burguesa do *Progresso* – compartilhada por seus supostos discípulos russos –, seu interesse recai sobre uma forma "arcaica": "não há porque deixar-se atemorizar pela palavra 'arcaico'"*, chega a escrever em um dos esboços. O socialismo do futuro será uma manifestação superior do coletivismo arcaico, capaz de integrar as conquistas técnicas e culturais da modernidade.

Encontramos aqui uma dialética tipicamente romântico-revolucionária entre o passado e o futuro, inspirada pelos trabalhos sobre o comunismo primitivo de historiadores e antropólogos (românticos) como Georg Maurer e Lewis Morgan, frequentemente citados por Marx e Engels. Esses documentos sugerem, por fim, uma concepção da história perfeitamente herética em relação ao "marxismo vulgar" que vai predominar na Segunda Internacional. Claro, o desenvolvimento da Revolução Russa de outubro de 1917 não correspondeu – ou então, correspondeu apenas de forma muito parcial – às previsões de Marx sobre o papel da comunidade rural, mas ele genialmente intuiu a possibilidade de uma transição ao socialismo em um país semifeudal, "atrasado", da periferia do capitalismo.

A história da descoberta e publicação dessa correspondência é bastante extraordinária. Em 1911, David Riazanov – pseudônimo de David Borissovitch Goldendach, historiador e militante marxista russo – encontrou entre os papéis de Paul Lafargue, o genro de Marx, os esboços da carta de 1881 (mas não a missiva enviada à sua correspondente de Genebra). Ele escreve então a Vera Zasulitch, Georgi Plekhanov e Pavel Axelrod – já dirigentes do partido Menchevique – perguntando se receberam uma carta de Marx sobre a questão da comuna russa; mas os três respondem em negativa, não se lembrando de nenhuma correspondência sobre tal tema. Alguns anos mais tarde, em 1923, outro historiador russo, Boris Nicolaievski, descobre dentre os papéis do então falecido Pavel Axelrod

---

* Cf. neste volume, p. 91. (N. E.)

Introdução

a carta de Marx, publicando-a em seguida. Um ano depois, Riazanov, à época responsável pela edição das obras completas de Marx e Engels na União Soviética (a célebre MEGA), edita por sua vez, numa revista marxista, os esboços da carta, que estavam em sua posse já havia quinze anos. Segundo Riazanov, que em 1938 seria assassinado por Stalin, a brevidade da carta, em comparação com a riqueza dos esboços, se explicaria pelos problemas de saúde de Marx, que não lhe permitiram desenvolver de forma mais substancial sua resposta a Vera Zasulitch.

Como explicar o surpreendente "esquecimento" por parte dos três veteranos do movimento operário russo? Provavelmente pela impossibilidade de admitir que Marx pudesse ter escrito um texto tão pouco "marxista", segundo a concepção menchevique rigorosamente economicista e etapista do "materialismo histórico".

Cinquenta anos depois dessa correspondência, um dos mais eminentes representantes do marxismo romântico-revolucionário no século XX, o peruano José Carlos Mariátegui, vai desenvolver, no contexto da América Latina, um argumento muito similar ao de Marx sobre o papel das comunidades rurais indígenas em um processo revolucionário socialista. Nas teses que enviou ao Primeiro Congresso dos Partidos Comunistas da América Latina (1929), o Amauta escrevia:

> Acreditamos que, entre os povos "atrasados", nenhum outro como o indígena incaico reúne condições tão favoráveis para que o comunismo agrário primitivo, subexistente em estruturas concretas e em um profundo espírito coletivista, se transforme, sob a hegemonia da classe proletária, em uma das bases mais sólidas da sociedade coletivista preconizada pelo comunismo marxista.[2]

A coincidência com as ideias de Marx na correspondência com Vera Zasulitch é ainda mais impressionante pelo fato de que Mariátegui seguramente ignorava tais documentos, então pouco conhecidos e de difícil acesso. O revolucionário peruano teria chegado a essas conclusões por

---

[2] José Carlos Mariátegui, "El problema de las razas en América Latina" (1929), *Ideología y política* (Caracas, Ministerio de Comunicación e Información, 2006), p. 68. Ver também *Mariátegui Total* (Lima, Amauta, 1994), p. 188. Aqui em tradução livre.

seu próprio caminho, a partir de uma reflexão original e ousada sobre a história e a realidade social do Peru e da Indoamérica[3].

Marx voltaria uma última vez a essa problemática, desta vez em parceria com Engels, no prefácio de janeiro de 1882 à tradução russa do *Manifesto Comunista* – o quarto documento de nossa coletânea. Naquela época, os dois próceres do socialismo acreditavam na iminência de uma revolução na Rússia – o que só viria a ocorrer 23 anos depois, em 1905. Sua reflexão sobre a comuna rural russa é prudente, e assume o caráter de uma pergunta aberta: seria possível que a antiga propriedade coletiva da terra pudesse passar diretamente a uma forma comunista superior? Ou seria dissolvida pelo capitalismo, como acontecera no Ocidente? A resposta final é uma previsão condicional: *se* a revolução russa se transformar no sinal para uma revolução proletária na Europa ocidental, *então* a comuna rural russa poderia ser o ponto de partida de uma evolução comunista. Trata-se de uma variante da hipótese já sugerida na correspondência de 1881. Ao contrário desta última, o prefácio de 1882 não havia sido esquecido pelos revolucionários russos: Lenin e Trotski estavam convencidos de que, sem a extensão da Revolução Russa de outubro à Europa ocidental, a começar pela Alemanha, o poder dos trabalhadores na Rússia estava condenado – o que de certa forma se verificou, já que, depois da derrota da revolução na Alemanha e na Hungria (1919), com o isolamento da União Soviética, se criaram as condições para a contrarrevolução burocrática do stalinismo no curso dos anos 1920.

Nosso último documento é de Friedrich Engels, uma reflexão de 1894 – onze anos após a morte de Marx – sobre as "condições sociais na Rússia". Embora muito mais cético em relação ao futuro da comuna rural russa, ele reafirma, em última análise, as hipóteses de Marx, referindo-se positivamente à carta de 1877 à *Otechestvenye Zapiski* e ao prefácio em coautoria à edição russa do *Manifesto*. O ceticismo de Engels se apoia em dois argumentos: o primeiro, sem dúvida pertinente, é a constatação de que o capitalismo se desenvolveu consideravelmente na Rússia durante

---

[3] Sobre a relação entre Marx e Mariátegui, ver o belo capítulo de Enrique Dussel, "Del último Marx a America Latina", em seu livro *El último Marx (1863-1882)* (Cidade do México, Siglo XXI, 1990).

Introdução

esse período, enfraquecendo em grande medida a tradicional comunidade rural; o segundo, mais problemático – porque eurocêntrico – parece sugerir que a revolução deve primeiro ter lugar nos países capitalistas avançados da Europa ocidental. Mas, finalmente, Engels acaba afirmando uma perspectiva eminentemente dialética, em três momentos: 1) a revolução começaria na Rússia, derrubando o despotismo czarista; 2) a revolução russa daria um grande ímpeto à luta do proletariado industrial moderno na Europa ocidental, acelerando sua vitória e a apropriação coletiva dos meios de produção; 3) com a ajuda do socialismo ocidental moderno, a Rússia revolucionária e outros países "atrasados" poderiam utilizar suas tradições coletivistas para encurtar consideravelmente sua transição a uma sociedade socialista, economizando assim os sofrimentos pelos quais passaram os trabalhadores da Europa ocidental sob o regime capitalista.

Apenas a primeira parte dessa hipótese se realizou: a revolução começou na Rússia e deu um formidável ímpeto às lutas do proletariado na Europa. Não foi por culpa de Engels que os outros momentos dessa dialética revolucionária não vingaram...

Para concluir: Marx e Engels não eram profetas, e suas previsões nada tinham de infalível. O curso real do processo histórico é sempre novo e imprevisível. Mas o conjunto de escritos sobre a Rússia nos anos 1877--1894 sugere uma hipótese que rompe com o economicismo, o eurocentrismo e o "progressismo" evolucionista: as revoluções sociais poderiam começar não nos países mais industrializados, nas grandes metrópoles capitalistas – onde supostamente as condições estariam "maduras" (como se a história fosse uma laranjeira) –, mas na periferia do sistema capitalista, nos países "atrasados" – "semifeudais", "coloniais e semicoloniais", ou "subdesenvolvidos", segundo uma terminologia do século XX. Esta hipótese sim é que se realizou no curso do século XX, desde a Revolução Russa de 1917 até a Cubana de 1959-1961.

Michael Löwy

LITERATURA DE REFUGIADOS

Friedrich Engels

[Surgimento e publicação (MEGA-2):

Os cinco aportes da série de artigos intitulada "Literatura de refugiados" surgiram no período entre meados de maio de 1874 e abril de 1875. Neles, Engels informou os leitores do jornal *Der Volksstaat* [O Estado nacional] sobre as concepções de emigrantes poloneses, franceses e russos sobre os acontecimentos revolucionários em seus países. Os problemas por ele tratados em cada um dos aportes deveria servir a uma compreensão mais profunda do movimento revolucionário nesses países e – considerando as experiências da Comuna de Paris – intermediar importantes conclusões para o desenvolvimento de uma estratégia e tática de luta proletária. Ao mesmo tempo, Engels tinha a intenção de trazer ainda mais fortemente à consciência da classe trabalhadora a conexão da sua luta com o movimento revolucionário internacional. A publicação dos artigos no *Der Volksstaat* deveria promover o órgão central da social--democracia alemã à condição de órgão socialista internacional.

Com base nos movimentos revolucionários na Rússia, na Polônia e na França, Engels tirou, nessa série de artigos, conclusões fundamentais para as perspectivas da revolução na Europa. Ele deu importância especial ao desenvolvimento na Rússia, que, na primeira metade da década de 1870, era o único país da Europa que se encaminhava para uma crise revolucionária.

Com seus aportes, Engels se pronunciou publicamente pela primeira vez sobre os problemas do movimento revolucionário russo e sobre as significativas transformações socioeconômicas na Rússia depois de reforma de 1861, fazendo com que os olhos do movimento internacional dos trabalhadores se voltassem para o grande alcance do desenvolvimento social nesse país. Em "Literatura de refugiados", Engels expressou a convicção dele e de Marx de que uma revolução na Rússia – que teria um caráter democrático-revolucionário – poderia dar um forte impulso à revolução proletária na Europa ocidental e abalar o sistema estatal europeu. Engels escreveu no dia 15 de outubro de 1875: "Fora a Alemanha e a Áustria, o país em que mais devemos prestar atenção continua sendo a Rússia". Em sua série de artigos, Engels também encarou as questões referentes ao futuro da Polônia como estreitamente ligadas com as perspectivas da revolução russa. Ele sublinhou reiteradamente que a restauração de uma Polônia de fato independente só poderia ser obra das massas revolucionárias do povo, as quais seriam aliadas naturais do movimento trabalhador europeu e da futura revolução russa.

Em "Literatura de refugiados", Engels fundamentou a razão pela qual a classe trabalhadora alemã deve apoiar os revolucionários poloneses em sua luta pela restauração da Polônia. Simultaneamente, Engels se voltava contra concepções blanquistas, bakuninistas e outras de cunho socialista pequeno-burguês sobre as tarefas e a tática do movimento revolucionário e as forças motrizes do processo revolucionário refletidas em algumas publicações de emigrantes franceses e russos dos anos de 1873 e 1874. Pela primeira vez, ele analisou de modo crítico certas representações utópicas e idealistas de representantes da liderança dos *narodniki* (populistas) revolucionários da década de 1870. Em discussão com teses blanquistas de emigrantes franceses e com o populista russo Piotr Tkatchov, Engels elaborou sobretudo a incompatibilidade da concepção marxista de revolução com a dos blanquistas, anarquistas e populistas. Ele apontou para o aspecto nocivo dessas concepções pequeno-burguesas, em especial das anarquistas, para a luta do proletariado. Voltando-se contra as concepções voluntaristas dos blanquistas franceses sobre a marcha do desenvolvimento revolucionário e sobre

Lutas de classes na Rússia

questões de tática, assim como as concepções simplificadoras de Tkatchov e Bakunin sobre o destino da revolução na Rússia, negando os fundamentos objetivos do desenvolvimento social, Engels apontou especialmente para a necessidade de serem levadas em conta as condições objetivas da luta e as legalidades do processo revolucionário. Engels remeteu à conquista das massas para a luta revolucionária e à existência de uma estratégia e uma tática corretas, que correspondem às exigências da luta de classes; ressaltou ainda a importância da teoria revolucionária para a luta do proletariado. Com sua série de artigos, Engels promoveu a continuada delimitação ideológica e política do movimento revolucionário dos trabalhadores em relação a doutrinas socialistas pequeno-burguesas. Desse modo, apoiou também o processo e esclarecimento entre os emigrantes revolucionários.

As publicações com que Engels se ocupou em seus aportes refletiram as concepções de grupos revolucionários da emigração política. Na primeira metade da década de 1870, Londres foi um centro dessa emigração. Marx e Engels tinham contato pessoal com uma série de representantes da liderança da emigração revolucionária, como, por exemplo, com Valery Vróblevski, Piotr Lavrovitch Lavrov e Édouard Vaillant, entre outros. A formação, o desenvolvimento e a composição desses grupos havia se consumado essencialmente sob a influência da Comuna de Paris, e eram integrados por muitos emigrantes que em 1871 haviam lutado do lado dos *communards*. A esquerda democrático-revolucionária dos emigrantes poloneses se uniu em 1872 no Zwi zek Ludu Polskiego [União do Povo Polonês]. Um grupo de fugitivos blanquistas da comuna em torno de Vaillant formou em 1873 em Londres a organização secreta La Commune Révolutionnaire [A Comuna Revolucionária]. O grupo de emigrantes russos em torno de Lavrov publicou, a partir de 1873, a revista *Впередъ!* [Avante!]. Lavrov, ao lado de Bakunin e de Tkatchov, que vivia na Suíça, pertencia ao grupo dos principais representantes ideológicos dos populistas revolucionários russos.

Literatura de refugiados

Os antagonismos de classe que se aguçaram na esteira do desenvolvimento capitalista, o fortalecimento do movimento internacional dos trabalhadores e o desenvolvimento do movimento revolucionário em seus países de origem, bem como as experiências de luta revolucionária da Comuna de Paris, influenciaram em grande medida as concepções dos emigrantes revolucionários. Para o centro de suas reflexões e discussões se deslocaram as futuras perspectivas e tarefas do movimento revolucionário, os métodos e a tática da luta revolucionária e o problema das forças motrizes da revolução, além de outras questões correlatas. Embora a crescente influência do marxismo fosse patente nas discussões, as visões desses grupos de emigrantes, em seu todo, ainda estavam marcadas em grande medida por teorias socialistas pequeno-burguesas e por concepções utópicas. Não há documentos que informem diretamente quais eram os planos originais de Engels, a dimensão e o conteúdo da série de artigos intitulada "Literatura de refugiados", tampouco a respeito de tratativas correspondentes com Wilhelm Liebknecht e a redação do *Der Volksstaat*. A carta de Liebknecht, de 28 de julho de 1874, em que perguntou a Engels quando este enviaria "o último ensaio sobre a literatura de refugiados", indica que Engels havia acordado de início apenas três aportes que deveriam ser publicados em sequência continuada. A extensão da série de artigos para um quarto e um quinto aporte no primeiro semestre de 1875 foi influenciada em maior ou menor grau pela polêmica desencadeada por Tkatchov. Todos os aportes foram publicados no *Der Volksstaat* como artigos de capa, em sequência numerada, sob o título "Flüchtlingsliteratur [Literatura de refugiados]".

No primeiro artigo, Engels aproveitou o ensejo de um comunicado ao povo inglês feito pelo Zwi zek Ludu Polskiego em Londres para apontar mais uma vez para a importância da luta pela restauração da Polônia e para o dever do proletariado internacional de apoiar o movimento de libertação do povo polonês. O comunicado polonês datado de 3 de maio de 1874 voltou-se contra a visita do czar e documentou a disposição das forças democráticas da Polônia para a luta contra a política de opressão do czarismo. Vróblevski enviou o comunicado a Engels no dia 4 de maio de 1874, pedindo-lhe que o mandasse de volta na manhã do dia seguinte, *"parce que [le] Czar est déjà en route! En tout cas je viendrai vous serrer la main, et en débouchant vous remercier de la peine que je vous donne* [porque o czar já está a caminho! Em todo caso, eu irei apertar a vossa mão, e, num brinde, compensar-vos pelo trabalho que vos dei]". De acordo com isso, Engels leu o comunicado imediatamente antes ou após sua impressão. Ele escreveu o Artigo I entre meados de maio e, no mais tardar, 10 de junho de 1874. Em 13 de junho, Liebknecht informou a Engels que o artigo sairia no próximo número do *Der Volksstaat*, em 17 de junho de 1874. Em seu artigo, Engels citou extensas passagens do comunicado dos emigrantes poloneses, tornando, assim, esse documento acessível a amplas parcelas do movimento internacional dos trabalhadores. Usando a luta do povo polonês como exemplo, ele transmitiu o reconhecimento de que a luta da classe trabalhadora contra a sociedade de exploradores está estreitamente ligada com a luta dos povos oprimidos por sua libertação nacional. Os emigrantes poloneses usaram imediatamente o artigo de Engels para a propagação dos objetivos do movimento polonês de libertação*. Em 18 de julho de 1874, o jornal trabalhista *Der Vorbote* [Arauto], n. 22, publicado em Chicago, trouxe o artigo como reimpressão da publicação do *Der Volksstaat*. Para a nova impressão do Artigo I da "Literatura de refugiados" na brochura *Internationales aus dem Volksstaat (1871-1875)*, no ano de 1894, Engels deu ao aporte o subtítulo de "Uma proclamação polonesa".

---

* Ver a carta de Friedrich Engels a Laura Lafargue, 15 out. 1874.

Literatura de refugiados

No Artigo II da "Literatura de refugiados", Engels analisou um manifesto levado a público pelo grupo blanquista La Commune Révolutionnaire, em junho de 1874, em Londres. O artigo surgiu em junho de 1874 – não há fontes que permitam uma datação mais precisa – e foi publicado no dia 26 de junho de 1874 no *Der Volksstaat*. O manifesto desses refugiados da comuna atestava, por um lado, que os blanquistas franceses mais avançados, sob a impressão das experiências da Comuna de Paris, estavam se voltando cada vez mais para o comunismo científico, mas ainda continha, por outro lado, fortes rudimentos das concepções blanquistas. Estes se evidenciavam, antes de tudo, na concepção de que um pequeno número de revolucionários resolutos poderia a qualquer momento levar a cabo uma revolução, que na luta revolucionária não se poderia tolerar nenhum tipo de compromisso nem se deter em nenhum estágio intermediário a caminho do comunismo. Engels considerava necessária uma análise crítica desse programa por duas razões: por um lado, o programa tratava de questões que tinham importância para a luta da classe trabalhadora em todo e qualquer país; por outro, Engels considerava a superação das ilusões blanquistas especialmente importante uma vez que a classe trabalhadora necessitava de certo tempo para reunir forças, pois qualquer tentativa precoce de um levante revolucionário fatalmente terminaria em nova derrota. Em seu artigo, Engels comunicou princípios importantes de táticas e estratégias revolucionárias da luta proletária, desmascarando assim o espírito aventureiro e a insustentabilidade da concepção blanquista de revolução. Ao mesmo tempo, chamou a atenção para novas tendências de desenvolvimento no movimento trabalhista francês. Nessa linha, ressaltou que o manifesto analisado por ele também continha, ao lado de uma série de teses blanquistas, enunciados sobre os objetivos da luta da classe trabalhadora que, nos pontos essenciais, coincidiam com o *Manifesto Comunista*, atestando que o marxismo começava a se afirmar de modo crescente também entre os trabalhadores blanquistas.

As ideias expostas por Engels na crítica ao programa dos blanquistas tinham relevância não apenas para a orientação estratégica do movimento trabalhista francês como também para a elaboração dos programas de outros partidos proletários em surgimento na Europa. Assim, elas comunicaram noções valiosas, em especial aos líderes do Partido de Eisenach, que puderam ser utilizadas na fase que já se anunciava de união do movimento trabalhista alemão.

No dia 25 de julho de 1874, o *Vorbote*, de Chicago, publicou, no número 23, o Artigo II da "Literatura de refugiados" como reimpressão da edição do *Der Volksstaat*. Para a republicação na brochura *Internationales aus dem Volksstaat (1871-1875)*, Engels deu ao aporte, em 1894, o subtítulo de "Programa dos refugiados blanquistas da Comuna".

Nos Artigos III, IV e V da série, Engels ocupou-se com publicações de Piotr Lavrovitch Lavrov e Piotr Tkatchov. Neles, Engels discutiu criticamente algumas formas de manifestação da ideologia do populismo (narodismo) revolucionário e expôs suas opiniões sobre as condições socioeconômicas e as perspectivas para uma revolução na Rússia. A partir da década de 1860, Marx e Engels passaram a acompanhar o desenvolvimento da Rússia com intensidade crescente, uma vez que consumavam-se no país transformações sociais significativas, e uma situação revolucionária estava amadurecendo.

O ensejo para o Artigo III da "Literatura de refugiados" foi a postura da revista *Впередъ!*, editada por Lavrov, na controvérsia com os bakuninistas. Um artigo do número 2 da revista, de março de 1874, desaprovava a polêmica franca da brochura "L'Alliance de la démocratie socialiste et l'Association Internationale des Travailleurs [A aliança da democracia socialista e a Associação Internacional dos Trabalhadores]" (p. 163-283) contra os bakuninistas e a exposição pública de sua atividade solapadora na Internacional. Os inimigos do movimento revolucionário poderiam usar isso em seu benefício. Engels se voltou contra a tática política de Lavrov, que defendia um compromisso com os anarquistas, e voltou a apontar os perigos que o bakuninismo conjura para o movimento dos trabalhadores. Em contraposição, ele apoiou enfaticamente o ponto de vista de Lavrov na polêmica travada contra as noções blanquistas de Tkatchov a respeito das incumbências da propaganda revolucionária na Rússia. Em seu escrito "Задачи революціонной пропаганды въ Россіи. Письмо къ редактору журнала *Впередъ!* [Tarefas da propaganda revolucionária na Rússia. Carta ao editor da revista *Vperiod!*]", que veio a público em abril de 1874, Tkatchov afirmara que a revolução era viável a qualquer hora na Rússia, dado que o povo estaria supostamente sempre pronto para ela. Em vista disso, Lavrov acentuou na *Впередъ!* a necessidade da propaganda socialista como forma de preparar a revolução.

Engels redigiu o terceiro aporte de sua série de artigos no período entre o início de agosto e a segunda metade de setembro de 1874. É possível que originalmente ele tenha prometido o artigo à redação do *Der Volksstaat* para uma data anterior, mas, em virtude de outros trabalhos, conseguiu terminá-lo somente mais tarde. As indagações de Liebknecht de 28 de julho e 12 de agosto de 1874 – nesta última carta, ele escreveu: "Onde está o Artigo III?" – apontam para isso. O Artigo III foi publicado nos números 117 e 118 do *Der Volksstaat*, de 6 e 8 de outubro de 1874. O artigo foi tido em alta conta entre os emigrantes revolucionários russos. É o que escreveu German Alexandrovitch Lopatin em carta a Engels de 5 de outubro de 1874: "*As to me, I read them with much interest and cannot but recognize the truth of the argument* [Quanto a mim, li os artigos com muito interesse e não posso senão reconhecer a veracidade do argumento]". Lopatin pediu que Engels lhe enviasse exemplares dos dois números do *Der Volksstaat* que continham o Artigo III da "Literatura de refugiados" para seus amigos russos. No dia 1º de novembro de 1874, ele agradeceu a Engels pelo envio do *Der Volksstaat* e informou que havia enviado o artigo a São Petersburgo.

Lutas de classes na Rússia

Embora no Artigo III Engels tenha apenas tangenciado as concepções de Tkatchov, pouco tempo depois ele teve a oportunidade de submetê-las a uma crítica mais abrangente. No fim de 1874, Tkatchov publicou em Zurique uma brochura com o título *Carta aberta ao senhor Friedrich Engels*, na qual se voltou contra as observações críticas de Engels a seu respeito no Artigo III da "Literatura de refugiados". A exemplo do que fizera na brochura anterior, explicitou suas concepções utópico-idealistas sobre um caminho próprio de desenvolvimento social da Rússia, sobre o caráter do Estado russo estar supostamente situado acima das classes, que não teria "quaisquer raízes na vida econômica do povo"*, e sobre a possibilidade de contornar o desenvolvimento capitalista na Rússia com a ajuda da comuna rural russa (*obchtchina*). Com sua carta aberta a Engels, Tkatchov tentou propagar teses da ideologia dos populistas entre os trabalhadores alemães e convencer os leitores europeus ocidentais das vantagens do desenvolvimento social da Rússia. Tkatchov, que tirou conclusões erradas do desenvolvimento socioeconômico da Rússia, não reconheceu a complexidade das tarefas revolucionárias. Em ambos os escritos, ele se esforçou por fundamentar a tática conspiratória de uma virada de mesa política imediata na Rússia por obra de uma minoria revolucionária. A posição de Tkatchov sobre questões da tática revolucionária, essencialmente influenciada pela ideologia blanquista, pareceu indicar pontos de contato com o bakuninismo, até porque Tkatchov procurou defender também Bakunin e seus adeptos da crítica de Engels.

Marx e Engels não podiam deixar as publicações de Tkatchov sem resposta, dado que estas davam "uma exposição totalmente falsa do estado de coisas na Rússia" (p. 405). Uma polêmica contra as visões propagadas por Tkatchov também era do interesse do movimento trabalhista alemão e teve impor-

---

* Piotr Tkatchov, *Offener Brief an Herrn Friedrich Engels* (Zurique, 1874), p. 14.

tância especialmente em vista do apoio à luta para a formação de um partido marxista único dos trabalhadores na Alemanha. No dia 1º de fevereiro de 1875, Liebknecht escreveu a Engels: "Não gostarias de dar um trato no 'Piotr'? Visto que ele enviou sua obra fajuta para todos os lados, não é bom silenciar a respeito". Marx, que havia lido a *Carta aberta...* de Tkatchov, entregou a Engels o exemplar correspondente em fevereiro ou março de 1875 com partes sublinhadas e marcadas e uma observação evidentemente destinada a Engels na página de título, na qual indicou a urgência e o método do debate com o escrito de Tkatchov.

Engels discutiu criticamente a concepção populista de Tkatchov nos Artigos IV e V de sua série de artigos, ao mesmo tempo que explicitou o ponto de vista marxista sobre os problemas mais importantes do desenvolvimento social na Rússia. Em consequência, ele se posicionou em relação a uma série de questões suscitadas de uma maneira nova para os revolucionários russos pelo rápido desenvolvimento capitalista na Rússia após as reformas de 1861 e a crescente pauperização da população rural camponesa. Engels escreveu o Artigo IV em março de 1875. O aporte foi publicado nos dias 28 de março e 2 de abril de 1875 no *Der Volksstaat*. No Artigo V, que foi o aporte mais extenso da "Literatura de refugiados", ele trabalhou presumivelmente no período de final de março a meados de abril de 1875. O *Der Volksstaat* publicou-o nos dias 16, 18 e 21 de abril de 1875. Esse trabalho significativo para o desenvolvimento do marxismo foi o primeiro escrito sintético de Engels sobre a Rússia. Marx o situou entre os artigos mais importantes escritos por Engels na década de 1870 para o *Der Volksstaat**. Lenin avaliou esse trabalho como um aporte muito valioso para a exposição do desenvolvimento econômico na Rússia**.

---

* Ver Karl Marx, "Avant-propos", em Friedrich Engels, *Socialisme utopique et socialisme scientifique* (Paris, 1880), p. 7.

** Vladimir I. Lenin, "Friedrich Engels", em *Werke* (Berlim, 1978), v. 2, p. 12.

Lutas de classes na Rússia

Os artigos de Engels sobre a Rússia basearam-se num conhecimento profundo da mais recente literatura russa sobre o desenvolvimento social do país, sobretudo desde 1861. Em companhia de Marx, ele dedicou, na década de 1870, especialmente depois da mudança para Londres em setembro de 1870, muita atenção ao estudo e à apreciação crítica de publicações russas. Por essa razão, aperfeiçoou seus conhecimentos da língua, e tanto a biblioteca do Museu Britânico quanto a vasta biblioteca doméstica de Marx lhe facilitaram o acesso a grande número de publicações russas. Foram preservados apenas poucos excertos dos estudos de literatura russa de Engels naqueles anos. Porém, é muito provável que numerosos livros e artigos recebidos por Marx na primeira metade da década de 1870, e especialmente a partir do início de 1873 – por intermédio de Nicolai Franzevitch Danielson, German Alexandrovitch Lopatin e Nicolai Isaacovitch Utin, entre outros –, tenham sido lidos também por Engels e aproveitados para seus artigos sobre a Rússia. Algumas obras chegaram a ser enviadas diretamente a ele. A literatura lida por Engels nesse período abrangeu investigações de cientistas e autores russos de diversas tendências. Entre os escritos lidos figuraram os de Nicolai Gavrilovitch Tchernichevski – sobretudo sua "Письма бесъ адреса [Carta sem endereço]" (Zurique, 1874), que continha uma análise crítica das reformas de 1861 – e de Nicolai Alexandrovitch Dobroliubov. Já na década de 1850, Engels havia se familiarizado como escritos de Alexander Ivanovitch Herzen. Marx e Engels atribuíram grande importância ao livro de N. Flerovski sobre a situação da classe trabalhadora na Rússia, publicado em 1869, do qual se ocuparam intensivamente. É grande a probabilidade de que Engels também tenha conhecido as publicações do autor liberal Skaldin, do historiador liberal Alexander Ujitch Screbitski, do sociólogo Pavel Fiodorovitch Lilienfeld--Toals (que era dono de terras no Báltico e alto funcionário czarista), de Alexander Nicolaievitch Engelhard, um agrônomo

Literatura de refugiados

e especialista em química agrícola que tinha afinidade com a tendência populista, e uma coletânea de trabalhos sobre os *artels*. Uma fonte importante de estudos constituía para Marx e Engels a citada revista *Впередъ!*. Possivelmente Engels também leu, já na primeira metade da década de 1870, publicações dos economistas Nicolai Ivanovitch Sieber e Illarion Ignatievitch Kaufmann, bem como do político liberal e escritor Alexei Adrianovitch Golovatchov. Marx havia recebido essa literatura entre 1872 e 1873*. Para o Artigo V Engels supostamente usou também relatórios oficiais de comissões. Marx e Engels obtiveram valiosas informações sobre a Rússia da correspondência e de diálogos com emigrantes russos, sobretudo com Lavrov, Lopatin e Valerian Nicolaievitch Smirnov. Uma série das publicações mencionadas foi examinada ainda mais detalhadamente a partir do fim de 1875, como atestam diversos excertos feitos por Marx e surgidos predominantemente a partir desse período.

Com o auxílio da literatura russa, Marx e Engels investigaram especialmente o desenvolvimento da estrutura econômica e das condições agrárias a partir de 1861, as diferentes formas de propriedade fundiária, o desenvolvimento da *obchtchina*, as tendências do desenvolvimento socioeconômico na Rússia e o agrupamento das classes. Puderam, assim, reunir um material sobre o empobrecimento crescente da população rural russa, o acirramento dos antagonismos de classe e o desenvolvimento do movimento revolucionário nesse país. Muitos dos conhecimentos obtidos nessa atividade até meados da década de 1870 foram acolhidos no artigo de Engels sobre a questão russa.

Em seus artigos da "Literatura de refugiados" sobre a Rússia, Engels comparou o desenvolvimento econômico desse país com processos análogos em outros países da Europa. Ao fazer isso, ele levou em consideração tanto as características gerais do es-

---

* Cartas de Karl Marx a Nicolai Franzevitch Danielson, 15 ago. 1872 e 18 jan. 1873; carta de Nicolai Franzevitch Danielson a Karl Marx, de 15 (27) dez. 1872.

tágio concreto do desenvolvimento como também as condições econômicas específicas do país. No Artigo V, examinou a evolução da situação das diversas classes e camadas da sociedade russa e mostrou como a nobreza lucrou à custa dos camponeses depois das reformas de 1861 e o quanto, concomitantemente, a influência da grande burguesia cresceu. Valendo-se de uma análise do desenvolvimento econômico e político da Rússia, ele demonstrou que o Estado czarista não representa, como afirmou Tkatchov, um poder situado acima das classes, mas que ele é "o produto necessário e lógico das condições sociais russas" (p. 421), instrumento das classes dominantes na Rússia. Na controvérsia com Tkatchov, Engels polemizou resolutamente contra a concepção – que remonta a Herzen e Bakunin – de uma missão social especial dos camponeses russos e da suposta desmoralização do proletariado dos países industriais. Grande importância teórica tiveram suas exposições sobre o destino da comuna aldeã russa. A exemplo do Artigo V como um todo, justamente esse passo de seu trabalho certamente é fruto de sua estreita cooperação e troca de ideias com Marx. A partir do fim da década de 1860, Marx se ocupou detidamente do desenvolvimento socioeconômico da Rússia e o destino histórico da *obchtchina*, estabelecendo uma conexão principalmente com seus trabalhos nos Livros II e III de *O capital**. As ideias explicitadas na "Literatura de refugiados" sobre o desenvolvimento socioeconômico da Rússia, sobre o destino da *obchtchina* e sobre o significado de uma futura revolução russa foram aprofundadas e complementadas por Marx e Engels em trabalhos ulteriores, escritos nas décadas de 1870, 1880 e 1890, bem como em cartas – especialmente nos esboços de

---

* Ver, entre outros documentos, as cartas de Karl Marx a Friedrich Engels, 14 mar. 1868 e 7 nov. 1868; a carta de Karl Marx a Louis Kugelmann, 17 fev. 1870; as cartas de Karl Marx a Nicolai Franzevitch Danielson, 22 mar. 1873 e 12 ago. 1873; a carta de Karl Marx à redação da Отечественныя Записки, redigida em novembro de 1877; e a carta de Karl Marx a Vera Ivanovna Zasulitch, 8 mar. 1881. [Os dois últimos documentos encontram-se neste volume nas p. 64-9 e 114-5, respectivamente – N. E.]

Marx para a carta a Vera Ivanovna Zasulitch (1881) e no posfácio de Engels a "Questões sociais da Rússia" (1894)*. Por causa da importância das questões tratadas no Artigo V, Engels e a redação do *Der Volksstaat* decidiram publicar esse aporte também como panfleto separado. Para tanto, foi usada a prova de impressão do *Der Volksstaat*. Engels escreveu para essa edição, supostamente na segunda metade de maio de 1875, uma observação prévia, na qual ele apontou a importância da "evolução dos eventos na Rússia [...] para a classe trabalhadora alemã" (p. 433). As provas de revisão ou os cadernos da brochura foram enviados a Engels com uma carta de Hermann Ramm, de 24 de maio de 1875. A separata veio a público provavelmente no fim de junho ou início de julho de 1875, sob o título "Soziales aus Rußland [Questões sociais da Rússia]"**. O artigo de Engels sobre a Rússia e sobretudo seu último aporte para a "Literatura de refugiados" rapidamente se tornaram conhecidos nos círculos dos emigrantes revolucionários russos e na própria Rússia. Lopatin, que em carta a Lavrov de 16 de junho de 1875 manifestou grande aprovação principalmente ao último artigo de Engels, quis traduzi-lo para a língua russa, mas temia que nem a *Впередъ!* nem as gráficas revolucionárias russas imprimiriam a tradução por causa da forte crítica a Tkatchov***. No entanto, o artigo de Engels teve repercussão positiva entre os revolucionários russos. Exemplares da versão alemã dos artigos de Engels chegaram com o auxílio de Lopatin e outros amigos seus e de Marx até os círculos revolucionários de São Petersburgo. Um aporte no n. 1 do jornal *Земля и воля* [Terra e liberdade], de 25 de outubro (5 de novembro) de 1878 (p. 15-6), permitiu reconhecer, pela controvérsia com as concepções de Tkatchov, que os círculos revolucionários russos

---

* Cf. neste volume p. 88-113 e 127-42. (N. E.)
** Ver *Der Volksstaat*, Leipzig, n. 75, 4 jul. 1875, p. 2.
*** Arquivo Estatal Central da Revolução Russa, sign. 1762, op. 4, d. 283, f. 42.

Lutas de classes na Rússia

estavam bem familiarizados com a polêmica de Engels contra Tkatchov. Os artigos de Engels ajudaram os revolucionários russos a entender melhor questões básicas do desenvolvimento econômico e político do país e, até a década de 1890, desempenharam um papel importante na difusão das concepções marxistas entre o movimento revolucionário russo. A reimpressão de alguns aportes da "Literatura de refugiados" de Engels em 1894 em língua alemã havia sido precedida, já na segunda metade da década de 1880, por diversos planos da social-democracia alemã e por ponderações de Engels no sentido de publicar os artigos dessa série sobre a Rússia junto a alguns outros aportes seus ao *Der Volksstaat* em forma de brochura na série intitulada "Biblioteca Social-Democrata". Esse projeto, entretanto, não foi realizado na década de 1880. Os Artigos I, II e V da "Literatura de refugiados" foram republicados em 1894 na coleção *Internationales aus dem Volksstaat (1871-1875)*. Para essa edição, Engels escreveu um posfácio para o aporte "Questões sociais da Rússia", no qual complementou suas ideias enunciadas em 1875 sobre as perspectivas de desenvolvimento socioeconômico da Rússia e sobre o destino do capitalismo nesse país com uma série de inferências teoricamente significativas a partir do desenvolvimento da Rússia durante as duas décadas transcorridas até então. Engels discutiu criticamente a concepção dos populistas liberais de que a comuna camponesa russa seria a forma embrionária da futura ordem socialista. Ele demonstrou que os rápidos progressos do capitalismo na Rússia durante as últimas duas décadas excluíam a possibilidade de um desenvolvimento não capitalista. No entanto, voltou a indicar que uma via não capitalista de desenvolvimento para países atrasados seria fundamentalmente possível e até assegurado. Depois que a revolução proletária tivesse sido vitoriosa nos países desenvolvidos, os povos que ainda tivessem restos de posse comum da terra poderiam usá--la para abreviar a transição para a sociedade socialista. E isso

Literatura de refugiados

valeria para todos os países num estágio pré-capitalista*. Desse modo, Engels desenvolveu ideias que antecipavam em muito a luta de libertação do proletariado, as quais continuaram a ser elaboradas mais tarde por Lenin. Com seu posfácio, que voltou a ressaltar a relevância internacional de uma futura revolução russa, Engels deu apoio efetivo às forças marxistas do movimento revolucionário russo em sua controvérsia com os populistas liberais.

Engels supostamente recebeu as provas de revisão ou os cadernos da brochura intitulada *Internationales aus dem Volksstaat (1871-1875)* na segunda metade de dezembro de 1893**. No dia 23 de janeiro de 1894, a *Vorwärts!* anunciou a brochura, que foi publicada logo em seguida, com um prefácio de Engels – com certeza ainda antes de 27 de janeiro de 1894***.

A primeira tradução do trabalho "Questões sociais da Rússia" para a língua russa ocorreu na primeira metade da década de 1890, quando a social-democracia começou a tomar forma no país. Em 1894, o grupo Освобождение Труда [Emancipação do Trabalho] publicou, em Genebra, esse escrito com a observação prévia e o posfácio de Engels na *Библіотека современнаго соціализма* [Biblioteca contemporânea do socialismo], série II, volume III, sob o título "Фридрихъ Энгельсъ о Россіи [Friedrich Engels sobre a Rússia]". A tradução fora providenciada por Vera Ivanovna Zasulitch em combinação com Engels****, sendo o prefácio de autoria de Plekhanov.

A primeira tradução polonesa dos Artigos I, II e V da "Literatura de refugiados" foi publicada juntamente à observação

---

* Ver Friedrich Engels, "Nachwort [zu 'Soziales aus Rußland']", em *Internationales aus dem Volksstaat (1871-1875)* (Berlim, 1894), p. 66 [cf. neste volume, p. 127-42 – N. E.].

** Ver carta de August Bebel a Friedrich Engels, 11 dez. 1893.

*** Ver cartas de Richard Fischer a Friedrich Engels, 27 jan. 1894, e de August Bebel a Friedrich Engels, 27 jan. 1894.

**** Ver cartas de Friedrich Engels a Boris Naumovitch Kritchevski, 20 mar. 1894 e 31 maio 1894, e a Georgi Valentinovitch Plekhanov, 21 maio 1894 e 22 maio 1894.

prévia de Engels para a brochura "Questões sociais da Rússia" e seu prefácio para *Internationales aus dem Volksstaat (1871- -1875)* na revista *Przed wit*, Londres, n. 1-3, de março de 1894, e no n. 7, de julho de 1894. O manuscrito do Artigo 1 da "Literatura de refugiados" não foi preservado.]

***

Observação prévia à brochura "Questões sociais da Rússia"*

As linhas a seguir foram escritas por ocasião de uma polêmica com o senhor Piotr Nikititch Tkatchov, na qual fui envolvido em decorrência de um artigo que escrevi sobre a revista russa *Vorwärts!* [Avante!], publicado em Londres (no jornal *Der Volksstaat*, n. 117 e n. 118, de 1874); nesse artigo, tive o ensejo de mencionar o nome desse senhor, o que fiz apenas de passagem, mas de um modo que me trouxe a sua valorosa inimizade. Sem delongas, o senhor Tkatchov expediu uma *Carta aberta ao senhor Friedrich Engels*, em Zurique, no ano de 1874, na qual ele diz toda a sorte de coisas esquisitas a meu respeito, para, em seguida, diante de minha crassa ignorância, expor sua opinião sobre o estado de coisas e as perspectivas de uma revolução social na Rússia. Tanto a forma quanto o conteúdo dessas mal traçadas linhas traziam o habitual carimbo bakuninista. Como foi publicado em língua alemã, achei que valeria a pena responder no próprio *Der Volksstaat***. A primeira parte da minha resposta buscou descrever principalmente o modo bakuninista da polêmica literária, que consiste pura e simplesmente em impingir ao adversário uma boa camaçada de mentiras deslavadas. Mediante a publicação no *Der*

---

* Escrito em Leipzig, em maio de 1875, depois da parte V da "Literatura de refugiados". (N. T.)

** Ver "Flüchtlingsliteratur [Literatura de refugiados]", n. 4 e 5, *Volksstaat*, n. 36s, 1875. (N. E. A.)

Literatura de refugiados

Volksstaat, essa parte precipuamente de cunho pessoal ficou resolvida a contento. Por isso, suprimo-a da separata solicitada pela editora e mantenho apenas a segunda parte, que se ocupa principalmente de como as condições sociais da Rússia se configuraram a partir de 1861, ou seja, a partir da assim chamada emancipação dos camponeses.

A evolução dos eventos na Rússia se reveste da maior importância para a classe trabalhadora alemã. O Império Russo que aí está constitui o último grande esteio de todo o reacionarismo europeu ocidental. Isso ficou evidente em 1848 e 1849. Pelo fato de a Alemanha não ter aproveitado a oportunidade, em 1848, de levar a Polônia à insurgência e de fazer guerra ao czar russo (como desde o começo havia exigido a *Neue Rheinische Zeitung* [Novo Jornal da Renânia]), esse mesmo czar* conseguiu sufocar, no ano de 1849, a revolução húngara, que já estava diante dos portões de Viena, e, no ano de 1850, ditar a sentença em Varsóvia sobre a Áustria, a Prússia e os pequenos Estados alemães, restabelecendo o velho *Bundestag* [Parlamento alemão]. E inclusive há poucos dias – no início de maio de 1875 – o czar russo**, exatamente como ocorreu há 25 anos, aceitou a deferência de seus vassalos em Berlim e provou que ainda é o juiz que decide na Europa. Nenhuma revolução poderá obter a vitória definitiva na Europa ocidental enquanto ao seu lado ainda existir o Estado russo. Sendo, porém, a Alemanha seu vizinho mais próximo, é ela que sentirá o primeiro impacto dos exércitos reacionários russos. A derrubada do Estado czarista russo e a destituição de seu império constituem, portanto, uma das primeiras condições para a vitória definitiva do proletariado alemão.

Porém, essa derrubada de modo algum precisa ser levada a cabo a partir de fora, embora uma guerra externa pudesse acelerá-la bastante. No interior do próprio Império Russo há elementos que operam diligentemente para levá-lo à ruína.

O primeiro elemento são os *poloneses*. Cem anos de opressão os relegaram a uma situação em que ou se tornam revolucionários e

---

* Nicolau I. (N. E. A.)
** Alexandre II. (N. E. A.)

apoiam todo levante realmente revolucionário do Ocidente como primeiro passo para a libertação da Polônia ou estão fadados a sucumbir. E justamente agora encontram-se numa situação que lhes permite buscar aliados europeus ocidentais unicamente no campo do proletariado. Há cem anos que vêm sendo continuamente traídos por todos os partidos burgueses do Ocidente. Na Alemanha, a burguesia de modo geral consolidou-se apenas em 1848 e, desde então, tem sido hostil aos poloneses. Na França, Napoleão traiu a Polônia em 1812 e, em consequência disso, perdeu não só a campanha, mas também a coroa e o império; seu exemplo foi seguido, em 1830 e em 1846, pelo reinado burguês; em 1848, pela república burguesa, na Guerra da Crimeia, e, em 1863, pelo Segundo Império. Todos traíram a Polônia com a mesma vilania. E hoje os republicanos burgueses radicais da França ainda rastejam diante do czar, visando barganhar, em troca de nova traição à Polônia, uma aliança revanchista contra a Prússia, exatamente na mesma linha com que a burguesia imperial alemã endeusa o dito czar como o patrono da paz europeia, isto é, do estado atual de anexação prussiano-alemã. Em nenhum outro lugar a não ser entre os trabalhadores revolucionários os poloneses encontram apoio sincero e incondicional, porque ambos os grupos têm o mesmo interesse na derrubada do inimigo comum e porque a libertação da Polônia equivale a essa derrubada.

Mas a atividade dos poloneses é localmente limitada. Ela se restringe à Polônia, à Lituânia e à Pequena Rússia*; o cerne propriamente dito do Império Russo, a Grande Rússia, permanece quase que totalmente cerrado à sua atuação. Os 40 milhões de habitantes da Grande Rússia constituem um povo demasiado grande, cujo peculiar desenvolvimento não lhe permite que um movimento externo lhe seja imposto. Mas isso nem é necessário. O fato é que a massa do povo russo, os camponeses, há séculos vegeta, de geração em geração, numa espécie de pântano a-histórico; e a única variação que talvez tenha interrompido esse estado letárgico foram algumas

---

* Antiga designação da atual Ucrânia. (N. T.)

revoltas infrutíferas, que só levaram a novas opressões por parte da nobreza e do governo. O próprio governo russo pôs um fim a essa a-historicidade (1861) mediante a inadiável abolição da servidão e a dispensa dos trabalhos forçados – medida que foi implementada com tanta esperteza que certamente levará à ruína a maioria tanto dos camponeses quanto dos nobres. Portanto, as próprias condições em que o camponês russo foi posto agora empurram-no para dentro do movimento, o qual embora se encontre ainda na fase mais incipiente de seu surgimento, avança de modo inexorável graças à situação econômica da massa dos camponeses, a cada dia pior. A rancorosa insatisfação dos camponeses já é um fato que tem de ser levado em conta tanto pelo governo como por todos os insatisfeitos, incluindo os partidos de oposição.

Decorre daí que, quando a seguir se falar de Rússia, não se entenda todo o Império Russo, mas exclusivamente a Grande Rússia, isto é, a região cujas sedes administrativas mais ocidentais são Pskov e Smolensk e as mais meridionais são Kursk e Voronesch.

***

LITERATURA DE REFUGIADOS V

[*Der Volksstaat*, n. 43, 16 abr. 1875]

Quanto ao tema propriamente dito, o senhor Tkatchov diz aos trabalhadores alemães que não possuo, em relação à Rússia, nem mesmo "poucos conhecimentos"*, e sim, muito antes, nada além de pura "ignorância"**, sentindo-se, por essa razão, impelido a detalhar-lhes os verdadeiros fatos e, principalmente, as razões pelas quais fazer uma revolução social na Rússia justamente agora é algo muito fácil, talvez até mais fácil do que na Europa ocidental.

---

*   Piotr Tkatchov, *Offener Brief an Herrn Friedrich Engels. Verfasser der Artikel "Flüchtlingsliteratur"* em *Volkstaat*, Zurique, 1874, n. 117 e 118, p. 3. (N. E. A.)
** Ibidem, p. 4. (N. E. A.)

Entre nós não há um proletariado urbano, isso é verdade; só que, em compensação, tampouco temos burguesia [...] nossos trabalhadores terão de combater apenas o *poder político* – o *poder do capital* ainda é embrionário entre nós. E o senhor certamente sabe que lutar contra o primeiro é bem mais fácil do que contra o segundo.*

A revolução almejada pelo socialismo moderno é, sucintamente, a vitória do proletariado contra a burguesia e a reorganização da sociedade mediante a anulação das diferenças de classes. Para tanto, é preciso que haja não só um proletariado capaz de realizar essa revolução, mas também uma burguesia, em cujas mãos as forças produtivas da sociedade se desenvolveram a ponto de permitir a anulação definitiva das diferenças de classe. Entre os selvagens e semisselvagens frequentemente também não há diferenças de classe, e todos os povos passaram por tal situação. A ideia de restaurá-la sequer pode nos ocorrer, porque dela decorrem necessariamente, com o desenvolvimento das forças produtivas da sociedade, as diferenças de classe. Somente em certo estágio do desenvolvimento das forças produtivas da sociedade, que até para os tempos atuais é bastante elevado, torna-se possível aumentar a produção a um nível em que a eliminação das diferenças de classe seja um verdadeiro progresso e possa ser duradoura, sem acarretar uma paralisação ou mesmo um retrocesso no modo de produção da sociedade. Porém, as forças produtivas só chegaram a esse grau de desenvolvimento pelas mãos da burguesia. Sendo assim, a burguesia, também nesse aspecto, é uma precondição tão necessária da revolução socialista quanto o próprio proletariado. Portanto, um homem capaz de dizer que seria mais fácil realizar essa revolução em certo país porque este não tem proletariado nem burguesia só prova, com isso, que ainda tem de aprender o bê-á-bá do socialismo.

Para os trabalhadores russos – e esses trabalhadores são, como diz o próprio senhor Tkatchov, "trabalhadores rurais e, como tais, não

---

* Ibidem, p. 5. (N. E. A.)

Literatura de refugiados

são proletários, mas *proprietários*"* –, portanto, é mais fácil porque "têm de lutar apenas contra o poder político"**, contra o Estado russo, e não contra o poder do capital. E esse Estado

> só de longe parece um poder. [...] Ele não tem raízes na vida econômica do povo; não corporifica em si os interesses de nenhum estamento. [...] Onde o senhor vive, o Estado não é um poder aparente. Ele se apoia com os dois pés sobre o capital; ele corporifica em si [!!!]*** certos interesses econômicos. [...] Entre nós, essa questão se apresenta como o exato inverso disso – a nossa forma de sociedade deve a sua existência ao Estado, ao Estado, por assim dizer, pairando no ar, que nada tem em comum com a ordem social vigente, que tem suas raízes no passado, mas não no presente.****

Não nos deteremos na confusa noção de os interesses econômicos precisarem do Estado, que eles próprios criam, para obter um *corpo*, nem na afirmação ousada de que a forma russa de sociedade (à qual pertence, portanto, também a propriedade comunal***** dos camponeses) deve sua existência ao Estado, tampouco na contradição de que esse mesmo Estado "nada tem em comum" com essa ordem social vigente que seria a mais própria de suas criaturas. É melhor partirmos logo para o exame desse "Estado pairando no ar" que não representa os interesses de nenhum estamento.

Na Rússia europeia, os camponeses possuem 105 milhões de *desjatines* de terra, enquanto os nobres (que é como chamo aqui

---

*   Ibidem, p. 8; grifos de Engels. (N. E. A.)
**   Ibidem, p. 5. (N. E. A.)
***   Inserção de Engels. (N. E. A.)
**** Ibidem, p. 6. (N. E. A.)
*****A base e o componente essencial da constituição agrária na Grande Rússia eram dados pela existência da comuna de repartição das terras (*obchtchina*). O proprietário da terra não era o camponês, mas a comuna do povoado. A terra cultivável voltava a ser repartida após certo número de anos – via de regra, o período não era inferior a dez anos – e cada chefe de família recebia a mesma quantidade de terra. Visto que podia haver diferenças consideráveis na equipagem com animais, instrumentos de trabalho e sementes, por serem propriedades privadas, a nova repartição do solo não impedia a diferenciação social no campesinato, mas retardava expressivamente a imposição do modo de produção capitalista na agricultura. (N. E. A.)

sumariamente os latifundiários) possuem 100 milhões de *desjatines*, dos quais cerca da metade pertence a 15 mil nobres. De acordo com isso, cada um deles possui em média 3.300 *desjatines*. A terra dos camponeses, portanto, é apenas pouca coisa maior do que a terra da nobreza. Como se vê, os nobres não têm o menor interesse na existência do Estado russo, que lhes protege a posse de metade da terra. Adiante. Os camponeses pagam sobre a sua metade anualmente o valor de 195 milhões de rublos de imposto territorial, enquanto os nobres pagam... 13 milhões*! As terras dos nobres são em média duas vezes mais férteis que as dos camponeses, porque, na disputa pela dispensa dos trabalhos forçados, o Estado tirou dos camponeses e deu à nobreza não só a maior mas também a melhor parte das terras, e os camponeses tiveram de pagar à nobreza pelas piores terras o preço das melhores**. E a nobreza russa não tem nenhum interesse na existência do Estado russo!

---

*   Esses dados possivelmente se baseiam na obra organizada pelos oficiais generais V. F. De-Livroni, barão A. B. Vrievski, N. N. Mossolovi et al., *Военно-статистическій сборникъ* [Coletânea militar e estatística] (4. ed., dir. geral gal. N. N. Obrutchev, São Petersburgo, 1871), especialmente as p. 105, 188, 200 e 203. Marx possuía um exemplar. Há nele numerosos trechos assinalados e sublinhados com observações de Marx. Em 1875 e 1881, Marx extraiu trechos desse livro. Engels ressaltou a importância dessa publicação em carta a Salo Faerber de 22 de outubro de 1885. – Скалдинъ [Skaldin'] [isto é, Fiodor Pavlovitch Eleniev]: *Въ захолусти и въ столицъ* [Na província e na capital] (São Petersburgo, 1870), especialmente p. 98 e 110. Todavia, nessas publicações só se encontram valores aproximados aos mencionados por Engels. Por essa razão, também é possível que Engels tenha se baseado ainda em outras publicações ou aproveitado dados que recebera por carta. (N. E. A.)

** A única exceção foi a Polônia, onde o governo quis arruinar a nobreza hostil a ele e conquistar o apoio dos camponeses. [O governo czarista identificou a nobreza polonesa como a força motriz da revolta de 1863-1864. Em consequência disso, ao introduzir a reforma camponesa no reino da Polônia, seu objetivo foi enfraquecer a nobreza econômica e, portanto, também politicamente e conquistar ou ao menos neutralizar as massas camponesas locais. A esse propósito serviu não só o confisco de 2 mil propriedades da nobreza, mas também a execução da reforma camponesa em condições mais favoráveis para os camponeses – em comparação com outras regiões do Império Russo.] Nos acordos a serem firmados entre camponeses e donos de terras em relação à dispensa dos trabalhos forçados, após as reformas de 1861, o preço da terra foi majorado consideravelmente – em algumas regiões chegou a valer o dobro e o triplo – em relação ao preço real de mercado. A consequência foi que, em alguns distritos de províncias isoladas, os camponeses renunciaram à parcela que lhes cabia e se contentaram com a assim chamada parcela

Dita dispensa deixou os camponeses – maciçamente – numa situação de miséria extrema, completamente insustentável. Eles não só foram privados da maior e melhor parte de suas terras – de modo que, em todas as regiões férteis do império, a parcela de terra camponesa é pequena demais, nas condições agrícolas russas, para que dela se possa viver. Não só lhes foi calculado um preço exagerado pela terra, adiantado pelo Estado e que agora aos poucos eles têm de amortizar com juros. Não só lhes foi imposta quase toda a carga do imposto territorial, ao passo que a nobreza escapa quase sem ônus – de tal modo que o imposto territorial sozinho consome todo o valor da renda da terra e mais um pouco, e todos os demais pagamentos que o camponês tem de fazer, dos quais logo falaremos, são descontados diretamente da parte de sua receita representada pelo salário. De fato. Ao imposto territorial, aos juros e às prestações do adiantamento feito pelo Estado somam-se ainda os impostos provinciais e distritais desde que foi instituída a nova administração local*. A consequência mais elementar dessa "reforma" foi uma nova carga tributária para os camponeses. O Estado manteve o conjunto de suas receitas, mas empurrou grande parte das próprias despesas para as províncias e para os distritos, que, para fazer frente a elas, instituíram novos im-

---

mínima que receberam sem despesa. Nesses casos, os fazendeiros frequentemente se apoderaram do solo mais fértil. (N. E. A.)

* Como parte das reformas burguesas introduzidas na Rússia após a Guerra da Crimeia, foram formados, no ano de 1864, os *semstvos* distritais e provinciais, que ficaram encarregados de tarefas administrativas locais (construção e conservação de estradas, sistema de educação e de saúde, fomento do comércio local e da indústria etc.). A criação desses órgãos administrativos visou à descentralização de algumas áreas da administração pública. Para dar conta de suas tarefas, os *semstvos* receberam autorização para recolher impostos dentro de certos limites. A eleição para os *semstvos* era feita segundo um complexo sistema de votação curial que favorecia unilateralmente as classes possuidoras, sobretudo a nobreza proprietária de terras. Assim, em meados da década de 1860, três quartos dos integrantes dos *semstvos* provinciais eram da nobreza. Trabalhadores e grande parte da pequena burguesia não tinham direito a voto. A instalação dos *semstvos* não foi estendida às regiões ocidentais do Império Russo, nem ao Cáucaso, à Ásia Central e à Sibéria. A atividade dos *semstvos* era rigorosamente fiscalizada pelo governo central e pelos governadores. A despeito da limitação dessas corporações administrativas, condicionada por sua composição classista, os *semstvos* conseguiram desempenhar um papel positivo em algumas regiões. (N. E. A.)

postos; e na Rússia é regra que os estamentos mais altos estão quase isentos de impostos – e o camponês paga quase tudo.

Essa situação é feita de encomenda para o usurário e, com o talento ímpar dos russos para o comércio de baixo nível, para a exploração de situações favoráveis aos negócios e, o que é indissociável desta, para a fraude (pois Pedro I já dissera que um russo dá conta de três judeus), o usurário de fato não está ausente em lugar nenhum. Quando se aproxima o prazo de pagar os impostos, lá vem o usurário, o *kulak* – frequentemente um camponês rico da mesma comunidade – e oferece seu dinheiro em espécie. O camponês precisa do dinheiro de qualquer maneira e tem de aceitar as condições do usurário sem reclamar. Fazendo isso, ele só se afunda ainda mais no aperto, precisando de mais e mais dinheiro vivo. Na época da colheita vem o comerciante de cereal; a necessidade de dinheiro obriga o camponês a se desfazer de uma parte do cereal de que ele e sua família necessitam para viver. O comerciante de cereal espalha boatos falsos para forçar a baixa dos preços e paga um preço vil, e este preço, ainda por cima, muitas vezes é pago com mercadorias supervalorizadas de todo tipo (pois o *truck system** também é altamente desenvolvido na Rússia). A intensa exportação de cereal da Rússia, pelo visto, está baseada diretamente na fome da população rural. Outro tipo de espoliação dos camponeses

---

*   Forma complementar de espoliação no capitalismo, no qual o salário dos trabalhadores é pago total ou parcialmente com produtos naturais. Nesse sistema, é típico que os trabalhadores recebam vales que só podem ser descontados nos estabelecimentos comerciais de quem os emite. Como nesses estabelecimentos os preços sempre são um pouco mais altos, os trabalhadores são espoliados pelo mesmo empresário tanto como produtores quanto como consumidores. Essa forma de espoliação é vivamente descrita por Vasili Vasilievitch Biervi, sob o pseudônimo N. Flerovski, em seu "Положеніе рабочаго класса въ Россіи [A condição da classe operária na Rússia]", *Наблюденія и Изслѣдованія* [Observação e investigação] (São Petersburgo, 1869), p. 94-5, no qual Engels evidentemente se baseia aqui. Os fatos descritos por Engels aqui e mais adiante encontram-se principalmente no capítulo IV desse livro, que trata da situação dos trabalhadores no norte da Rússia europeia. [...] Flerovski, ex-professor na Faculdade de Direito da Universidade de São Petersburgo, gozou de grande popularidade entre a inteligência progressista da Rússia. O livro em que descreve os sofrimentos da população camponesa e a espoliação capitalista dos trabalhadores fabris teve importância essencial para a luta e propaganda dos *narodniki* revolucionários. (N. E. A.)

Literatura de refugiados

é este: um especulador arrenda uma área de domínio do governo*
por muitos anos, cultiva pessoalmente essa terra enquanto ela lhe
proporciona boas colheitas sem o uso de adubo; depois disso, ele a
subdivide em parcelas e arrenda a terra exaurida por uma renda alta
a camponeses vizinhos, cuja parcela de terra não rende o suficiente.
Assim como tivemos antes o *truck system* inglês, temos aqui sem tirar
nem pôr os *middlemen* irlandeses**. Em suma, em nenhum outro país
o parasitismo capitalista está tão desenvolvido nem cobriu e enredou
todo o país, toda a massa do povo, com sua teia da maneira como o
fez justamente na Rússia, a despeito de toda a primitividade de sua
sociedade burguesa. E todas essas sanguessugas do camponês não
teriam nenhum interesse na existência do Estado russo, cujas leis e
tribunais protegem suas práticas limpas e lucrativas?

A alta burguesia de São Petersburgo, Moscou, Odessa, que nos
últimos dez anos se desenvolveu com rapidez inaudita, valendo-se
principalmente das ferrovias, e que nesses últimos anos de negócios fraudulentos "quebrou" alegremente junto com os demais; os
exportadores de cereal, cânhamo, linho e sebo, cujo negócio está inteiramente edificado sobre a miséria dos camponeses; toda a grande
indústria russa, que só subsiste mediante a proteção alfandegária
que o Estado lhe outorga***; todos esses elementos significativos da

---

* Na Rússia, havia terra pública com camponeses públicos que tinham certas obrigações para com o Estado, mas não havia áreas de domínio. Evidentemente, Engels generaliza aqui fenômenos isolados. (N. E. A.)

** Na Irlanda, os *middlemen* eram intermediários que arrendavam terra com os proprietários visando subdividi-la em parcelas e subarrendá-la por um preço mais elevado. Na Irlanda, com frequência havia, entre os proprietários da terra e aqueles que de fato a cultivavam, até uma dúzia de intermediários. (N. E. A.)

*** No fim da década de 1860, iniciou-se na Rússia um período mais intenso de fundações de sociedades comerciais e industriais. De 1869 a 1873, surgiram na Rússia 281 sociedades por ações, um número consideravelmente maior do que nos anos anteriores. No ano de 1873, irrompeu uma crise na Rússia, agravada por simultâneas estagnações do mercado consumidor e restrições à produção no restante da Europa e nos Estados Unidos. A crise perdurou com intensidade variável até 1877. Ela se manifestou de modo especialmente tangível no comércio e no sistema de crédito, mas também teve reflexos na indústria pesada. As consequências foram o aumento do desemprego e a bancarrota de boa parte dos empreendimentos capitalistas recém-fundados. (N. E. A.)

Lutas de classes na Rússia

população que se encontram em crescimento acelerado não teriam nenhum interesse na existência do Estado russo? Isso sem falar do exército inumerável de funcionários que inunda e saqueia a Rússia e, nesse caso, constitui um verdadeiro estamento. E quando o senhor Tkatchov vem nos assegurar que o Estado russo "não tem raízes na vida econômica do povo, não corporifica em si os interesses de nenhum estamento", que ele paira "no ar", quer nos parecer que não é o Estado russo que paira no ar, mas, muito antes, o senhor Tkatchov.

[*Der Volksstaat*, n. 44, 18 abr. 1875]

Está claro que, desde a emancipação da servidão, a situação dos camponeses russos se tornou insuportável e, no longo prazo, insustentável e que, já por essa razão, está se encaminhando uma revolução na Rússia. A pergunta a fazer é qual poderá ser e qual será o resultado dessa revolução? O senhor Tkatchov diz que será uma revolução social*. Isso é pura tautologia. Toda revolução efetiva é social, na medida em que alça uma nova classe ao poder e lhe permite remodelar a sociedade à sua feição. O que ele quer dizer, no entanto, é que será uma revolução socialista, que introduzirá na Rússia a forma de sociedade almejada pelo socialismo europeu ocidental ainda antes que nós, no Ocidente, cheguemos a isso – e isto em condições sociais nas quais tanto o proletariado quanto a burguesia ocorrem apenas esporadicamente e num estágio pouco desenvolvido. Segundo ele, isso será possível porque os russos são, por assim dizer, o povo eleito do socialismo e possuem o *artel* e a propriedade comunal da terra.

O senhor Tkatchov menciona o *artel* só de passagem, mas nós o integramos aqui porque, já no tempo de Herzen**, ele desempenha

---

* Ver Piotr Tkatchov, *Offener Brief an Herrn Friedrich Engels*, cit., p. 5, 7 e 9-10. (N. E. A.)

** Alexander Ivanovitch Herzen foi o primeiro dos democratas revolucionários russos a desenvolver, após a derrota da revolução de 1848-1849 (o que lhe permitiu reconhecer os limites do espírito progressista da burguesia), a ideia de uma ordem agrária socialista baseada na comuna de repartição. Nas décadas subsequentes, essa ideia se converteu no mais importante princípio orientador do movimento revolucionário pré-marxista na

um papel misterioso para alguns russos; o *artel* é um tipo de associação muito disseminado na Rússia; é a forma mais simples de livre cooperação, como a que ocorre na caça entre os povos caçadores. A palavra e seu significado não têm origem eslava, mas tártara. Ambos ocorrem entre os quirguizes, iacutos etc., por um lado, assim como entre os lapões, samoiedas e outros povos finlandeses, por outro[1]. É por isso que o *artel* se desenvolveu na Rússia originalmente no norte e no leste, no contato com os finlandeses e tártaros, e não no sudoeste. O rigor do clima torna necessários diversos tipos de atividade industrial, sendo que, no caso em pauta, a falta de desenvolvimento

---

Rússia. Desse modo, ele lançou o fundamento do assim chamado socialismo russo, que, na Rússia, é a forma mais difundida do socialismo utópico. Herzen expôs suas ideias a esse respeito na obra intitulada *La Russie* [A Rússia], publicada em Londres no ano de 1849, e que também teve uma edição em língua alemã. Em outros escritos da década de 1850 publicados fora da Rússia sua teoria recebeu a formulação definitiva. Entre eles estão os seguintes: *Du développement des idées révolutionnaires en Russie par A. Iscander* (Paris, 1851); "Le peuple russe. Lettre à M. J. Michelet, professeur au Collège de France", *L'Avènement du peuple*, Paris, n. 63, 19 nov. 1851, p. 1-2; "Russia and the Old World", em *The English Republic* (Windermere, 1854), t. 3, p. 51-56, 98-104 e 135-46.

Nesses trabalhos, Herzen quis chamar a atenção do público europeu para a importância da comuna de repartição russa e do *artel*. Ele confrontou a Rússia com a Europa central e a Europa ocidental. Ao passo que para as partes economicamente mais evoluídas da Europa ele esperava uma mudança fundamental das condições vigentes unicamente dos trabalhadores, na Rússia, ele identificava essa força no campesinato. Por conseguinte, Herzen acreditava que a Rússia não seguiria pelo mesmo caminho do restante da Europa. A convicção de Herzen quanto a um rumo não capitalista para a Rússia estava enraizada na concepção de que a Rússia seria um país agrário que havia preservado por séculos o princípio socialista na comuna de repartição e cujo campesinato, em consequência, seria o portador de ideias socialistas. Herzen e seus adeptos também citavam como argumento a favor de sua tese a existência do *artel* na Rússia, uma forma de cooperativa que, na sua opinião, apresentava características socialistas.

Marx e Engels haviam dado atenção, especialmente na década de 1850, a diversos trabalhos de Herzen, entre eles *La Russie, Du développement des idées révolutionnaires en Russie* (ver cartas de Karl Marx a Friedrich Engels, 21 abr. 1853 e 28 set. 1853; carta de Friedrich Engels a Joseph Weydemeyer, 12 abr. 1853) e Тюрьма и ссылка [Prisão e exílio] (Londres, 1854). Entre as publicações de Herzen lidas por Marx e Engels, encontram-se ainda *Vom anderen Ufer. Aus dem russischen Manuskript* [Da outra margem. A partir do manuscrito em russo] (Hamburgo, 1850), e a revista Колокол [O sino], editada por Herzen e Nikolai Platonovitch Ogarev (ver cartas de Friedrich Engels a Karl Marx, 21 out. 1858 e 17 fev. 1863; e de Karl Marx a Friedrich Engels, 12 fev. 1863). (N. E. A.)

[1] Sobre o *artel*, ver, entre outros, *Sbornik materialov ob Arteliach v Rossii* [Coletânea de materiais sobre os *artels* na Rússia] (1. ed., São Petersburgo, 1873).

urbano e a escassez de capital são compensadas, na medida do possível, com a referida forma de cooperação. Uma das características mais marcantes do *artel*, a responsabilidade solidária dos membros uns pelos outros frente a terceiros, baseia-se originalmente no laço de consanguinidade, como as garantias entre os antigos alemães, a vingança de sangue etc. Além do mais, na Rússia, a palavra *artel* é usada para designar não só todo tipo de atividade comunitária, mas também instituições comunitárias. Até a *bolsa de valores* é um *artel*. Nos *artels* dos trabalhadores, sempre se elege um presidente (estaroste, ancião) que se desincumbe dos deveres de tesoureiro, contador etc., quando necessário, de diretor executivo, recebendo remuneração específica para isso. Esses *artels* existem:

1) para empreendimentos temporários, dissolvendo-se após o término dos mesmos;

2) para os membros de um mesmo negócio, como, por exemplo, carregadores etc.;

3) para empreendimentos permanentes, propriamente industriais.

Eles são instituídos mediante um contrato assinado por todos os membros. Ora, quando esses membros não conseguem reunir o capital necessário, o que ocorre com frequência, por exemplo, em queijarias e estabelecimentos de pesca (para redes, botes etc.), o *artel* cai na mão do usurário, que adianta a parte faltante a juros elevados e, dali por diante, embolsa a maior parte da renda do trabalho. Mas há *artels* que são explorados de maneira ainda mais abjeta, a saber, aqueles que vendem seus serviços como um todo a um empresário em troca de salário. Eles próprios dirigem sua atividade industrial, poupando ao capitalista os custos de supervisão. Este aluga aos membros do *artel* cabanas para moradia e lhes adianta os meios de vida, desenvolvendo-se a partir daí o mais abjeto *truck system*. É o que acontece com os lenhadores e alcatroeiros na província de Arkhangelsk e em muitas atividades na Sibéria, entre outras*. Nesse caso, portanto, o *artel* serve para *facilitar* consideravelmente ao

---

* Ver N. Flerovski, *Polozenie rabocago klassa v Rossii* [A situação da classe trabalhadora na Rússia] (São Petersburgo, 1869). (N. E. A.)

capitalista a espoliação dos assalariados. Mas, em contrapartida, há também *artels* que, por sua vez, empregam assalariados que *não* são membros da associação.

Como se vê, o *artel* é uma sociedade cooperativa que surgiu de modo natural e espontâneo, sendo, por conseguinte, ainda bastante subdesenvolvida e, como tal, de modo algum exclusivamente russa ou mesmo eslava. Sociedades desse tipo se formam em toda parte onde haja necessidade delas. É o caso das leiterias da Suíça, ou dos pescadores da Inglaterra, onde se apresentam até mesmo de tipos muito variados. Os escavadores silesianos (alemães, não poloneses), que na década de 1840 construíram muitas ferrovias alemãs, estavam organizados em perfeitos *artels**. A preponderância dessa forma na Rússia comprova, em todo caso, a existência de um forte impulso associativo entre seu povo, mas nem de longe comprova sua capacitação para, com a ajuda desse impulso, saltar sem mais nem menos do *artel* para a ordem social socialista. Para isso se requer, antes de tudo, que o próprio *artel* seja capaz de evoluir, despindo-se de sua forma natural-espontânea – na qual, como vimos, serve menos aos trabalhadores do que ao capital – e elevando-se, *no mínimo*, à posição das sociedades cooperativas da Europa ocidental. Porém, se pudermos dar algum crédito ao senhor Tkatchov (o que, todavia, depois de todos esses precedentes, é mais do que temerário), de modo algum esse é o caso. Ao contrário, ele nos assevera com um orgulho sumamente característico do seu ponto de vista: "No que se

---

*   A construção de ferrovias, que teve início na segunda metade da década de 1830 na Alemanha, exigiu trabalhos extensos de terraplenagem. Em cada uma das linhas em construção, inclusive na Saxônia, em Kurhessen e em outras regiões situadas fora do território da Prússia, geralmente eram empregados vários milhares de trabalhadores. Parte considerável deles provinha da província prussiana da Silésia. Os trabalhos de remoção de terra eram contratados em parte a empresas de construção, mas geralmente a pelotões de trabalhadores que trabalhavam por empreitada. Esses pelotões eram grupos de 60 a 200 trabalhadores, numa média de 100 a 120. Cada trabalhador tinha de providenciar a própria pá ou ferramenta similar. À frente do pelotão havia um mestre que mostrava pelo exemplo o que devia ser feito. Geralmente ele era eleito pelos trabalhadores. Já durante a década de 1840 começou a se tornar efetiva a tendência de converter o mestre do pelotão em subempresário. (N. E. A.)

refere às associações cooperativas e de crédito de molde alemão [!]*
que há pouco começaram a ser transplantadas artificialmente para a
Rússia, elas foram recebidas pela maioria dos nossos trabalhadores
com total indiferença e quase em toda parte foram um fiasco"**. A
sociedade cooperativa moderna pelo menos provou ser capaz de
realizar atividades industriais em larga escala com vantagem às
suas próprias custas (fiação e tecelagem em Lancashire)***. O *artel*, até
agora, não só é incapaz disso, como até sucumbirá necessariamente
diante da grande indústria, caso não consiga evoluir.

[*Der Volksstaat*, n. 45, 21 abr. 1875]

A propriedade comunal dos camponeses russos foi descoberta
em torno do ano de 1845 por um conselheiro do governo prussiano
chamado Haxthausen**** e trombeteada pelo mundo como se fosse
uma grande maravilha, embora ele próprio ainda pudesse ter en-

---

* Inserção de Engels. (N. E. A.)

** Ver Piotr Tkatchov, *Offener Brief an Herrn Friedrich Engels*, cit., p. 8. (N. E. A.)

*** Engels se refere aqui ao movimento cooperativista na Inglaterra, que teve início com a Society of Equitable Pioneers [Sociedade dos Pioneiros Equitativos], fundada por Robert Owen, em Rochdale, em 1844. Com a fundação da North of England Co-Operative Wholesale Industrial and Provident Society [Sociedade Cooperativa Atacadista Industrial e de Previdência do Norte da Inglaterra], em 1863, e da Scottish Co-Operative Wholesale Society [Sociedade Cooperativa Atacadista Escocesa], em 1868, o movimento cooperativista se consolidou definitivamente – com metas e métodos que, no entanto, divergiam substancialmente dos planos originais de Owen. Nas fiações e tecelagens de Lancashire, operadas em base cooperativista, os trabalhadores eram "coproprietários" em forma de pequenas ações e usufruíam dividendos e outras vantagens. (N. E. A.)

****O barão August von Haxthausen, fazendeiro e jurista da Vestfália, empreendeu de 1843 a 1844 uma viagem pela Rússia com a permissão do czar Nicolau I, com o propósito de estudar a comunidade camponesa daquele país. Haxthausen expôs os resultados dessa viagem em sua obra *Studien über die innern Zustände, das Volksleben und insbesondere die ländlichen Einrichtungen Rußlands* [Estudos sobre as condições internas, a vida do povo e especialmente as instituições rurais da Rússia] (Hannover, 1847, partes I e II; Berlim, 1852, parte III). A importância desse trabalho se dá pelo fato de Haxthausen ter chamado a atenção, de modo mais abrangente do que ocorrera antes dele e pela primeira vez por meio de uma exposição relativamente completa e minuciosa, para a comuna de repartição russa e para a posse coletiva de terra dos camponeses da Grande Rússia. É claro que, já muito antes de Haxthausen, a comuna camponesa russa havia sido objeto de consideração de Ivan Nikititch Boltin, Alexander Nikolaievitch Radichtchev e sobretudo dos

contrado resquícios suficientes disso em sua pátria vestfálica e, na qualidade de funcionário do governo, tivesse o dever de conhecê-los com exatidão. Foi de Haxthausen que Herzen*, ele próprio um proprietário de terras russo, ficou sabendo que seus camponeses possuíam a terra em comum, tomando isso como ensejo para apresentá-los como os verdadeiros portadores do socialismo, como comunistas natos frente aos trabalhadores do decrépito e putrefato Ocidente europeu, que primeiro tiveram de apropriar-se artificialmente do socialismo à custa de muitos tormentos. De Herzen essa notícia chegou a Bakunin e, de Bakunin**, ao senhor Tkatchov. Vejamos o que ele diz:

> Nosso povo [...] em sua grande maioria [...] está impregnado dos princípios da posse comum; ele é, caso seja possível expressar-se assim, instintiva e tradicionalmente comunista. A ideia da propriedade coletiva está tão profundamente concrescida com toda a visão de mundo [logo

---

eslavófilos. Mas fora da Rússia, foram os escritos de Haxthausen que tornaram conhecida a existência da comuna de repartição na Rússia. (N. E. A.)

* Herzen manteve, já no ano de 1843 em Paris, diálogos com o barão August von Haxthausen, que evidentemente também tiveram por objeto a propriedade comum na Rússia, como se depreende dos registros em seu diário. Herzen leu as duas primeiras partes da citada obra *Studien über die Innern Zustände, das Volksleben und insbesondere die ländlichen Einrichtungen Rußlands*, de Haxthausen, num momento em que ainda se encontrava sob o forte impacto da derrota da revolução de 1848-1849. Embora criticassem a postura monarquista conservadora de Haxthausen, ele e outros democratas revolucionários russos e *narodniki* foram influenciados em vários aspectos por esses trabalhos. Tal leitura levou Herzen a repensar e revalorizar a importância crítica da comuna camponesa russa e do *artel*, como mostra seu livro *La Russie*, publicado em 1849, em Londres. Após a publicação da parte III da obra de Haxthausen, Herzen reafirmou sua concordância com a opinião do autor sobre a importância da comuna camponesa russa. Contudo, ele foi resoluto em se distanciar do ponto de vista monarquista conservador de Haxthausen e pronunciou-se particularmente contra qualquer idealização do poder patriarcal dos fazendeiros. Ver Herzen, "Russian Serfdom", *The Leader*, Londres, n. 189, 190 e 191, 5, 12 e 19 nov. 1853, e seu ensaio "Крещеная собственность" [Propriedade cristã], publicado pela primeira vez em 1853, em Londres. (N. E. A.)

** Diferentemente de Herzen, Lavrov e outros revolucionários russos, Bakunin não idealizou a comunidade de repartição. Em 1894, no Posfácio a "Questões sociais da Rússia" ["Literatura de refugiados V"], Engels escreveu sobre Tkatchov, entre outras coisas, o seguinte: "As concepções sobre a comuna camponesa comunista russa que ele defendeu contra mim eram essencialmente as de Herzen", Friedrich Engels, "Nachwort" (1894), em *Internationales aus dem Volksstaat (1871-1875)* (Berlim, 1894), p. 61. (N. E. A.)

Lutas de classes na Rússia

veremos até onde alcança o mundo do camponês russo]* do povo russo que, agora que o governo começa a compreender que essa ideia não se coaduna com os princípios de uma sociedade "bem ordenada" e em nome desses princípios quer imprimir a ideia da propriedade individual na consciência e na vida do povo, ele só conseguirá isso com o auxílio da baioneta e do açoite. A partir disso fica evidente que nosso povo, a despeito da sua falta de conhecimento, está muito mais próximo do socialismo do que os povos da Europa ocidental, mesmo que estes sejam mais cultos.**

Na realidade, a propriedade comunal da terra é uma instituição que encontramos, num estágio inferior do desenvolvimento, em todos os povos indo-germânicos da Índia até a Irlanda, e até mesmo entre os malaios que se desenvolveram sob a influência indiana, como, por exemplo, em Java. Ainda em 1608, a propriedade fundiária comunal legalmente vigente nas terras recém-conquistadas no norte da Irlanda serviu de pretexto aos ingleses para declarar a terra sem dono e, como tal, confiscá-la para o bem da coroa***. Na Índia persiste até hoje toda uma série de formas da propriedade comunal****. Na Alemanha, ela era generalizada; as terras comunitá-

---

* A inserção entre colchetes é de Engels. (N. E. A.)

** Ver Piotr Tkatchov, *Offener Brief an Herrn Friedrich Engels*, cit., p. 5. (N. E. A.)

*** Durante a conquista da Irlanda pelos ingleses (século XVI até início do século XVII), foi abolida a constituição agrária celta, baseada na propriedade comum. Segundo antiga lei irlandesa, os chefes de clãs podiam repartir a propriedade comum de terra a seu critério entre os membros do clã para cultivo e exigir tributos deles. A colonização da Irlanda pela coroa inglesa levou à abolição do sistema de propriedade comum do clã. Seus chefes foram eliminados ou corrompidos mediante sua nomeação como *landlords* ingleses. No ano de 1608, aconteceu a subjugação da província de Ulster, onde por mais tempo havia se mantido a ordem gentílica. A terra foi confiscada e vendida a comerciantes ingleses e escoceses a preços irrisórios. (N. E. A.)

****Marx e Engels chegaram a essas concepções em investigações abrangentes sobre o desenvolvimento e a história da propriedade comum entre os mais diversos povos. Essas investigações prolongaram-se por muitos anos e foram acompanhadas de minuciosa troca de ideias entre os dois. Marx havia se ocupado intensivamente, já na década de 1850, em conformidade com as suas pesquisas econômicas, com o desenvolvimento da propriedade comum na região meridional da Ásia, especificamente na Índia. Disso dão testemunho sobretudo os excertos sobre a Índia do ano de 1853. Marx fez importantes enunciados sobre a história e o papel da propriedade comum na Índia em 1857-1858 nos *Grundrisse der Kritik der politischen Ökonomie* (MEGA-2 II/1.2, especialmente p. 381,

Literatura de refugiados

rias que ainda existem aqui e ali são resquícios disso; ademais com frequência ainda se encontram, principalmente nas regiões montanhosas, vestígios claros, na forma de repartições periódicas da terra comunal etc. As comprovações mais exatas e os detalhes referentes à antiga propriedade comunal alemã podem ser verificados pela leitura dos diversos escritos de Maurer, que são clássicos a respeito desse assunto*. Na Europa ocidental, incluindo a Polônia e a Pequena Rússia**, essa propriedade comunal converteu-se, em certo estágio do desenvolvimento social, em amarra, em entrave da produção rural, sendo gradativamente posta de lado. Na Grande Rússia*** (isto é, na Rússia propriamente dita), em contraposição, ela se manteve até hoje, o que prova, em primeiro lugar, que ali a produção rural e suas correspondentes condições sociais ainda se encontram num estágio muito pouco desenvolvido, o que realmente é o caso. O

394, 425, 428, 640 e 743 [ed. bras. *Grundrisse*, São Paulo, Boitempo, 2011, p. 390, 401s, 433, 436, 644s, 757 – N. T.]), bem como em sua obra *Das Kapital. Kritik der politischen Oekonomie* (2. ed. rev., Hamburgo, 1872), Livro I, especialmente p. 55, 66, 336, 342-3 e 369-71 [ed. bras. *O capital*, São Paulo, Boitempo, 2013, p. 152, 162, 409 e 431s – N. T.). Em sua carta a Louis Kugelmann, de 17 de fevereiro de 1870, Marx sublinhou sua concepção de que a propriedade comum seria de "proveniência *indiana*", encontrando-se "por conseguinte, em todos os povos civilizados no início de seu desenvolvimento". (N. E. A.)

* O jurista e historiador bávaro Georg Ludwig von Maurer havia rompido, em seus trabalhos, com o dogma da originalidade da propriedade privada da terra entre as tribos germânicas, predominante na historiografia acadêmica alemã da primeira metade do século XIX, e, com base em material histórico abrangente, provado que os germanos não constituíram exceção em seu desenvolvimento histórico, uma vez que, a exemplo de outros povos, passaram pelo estágio da propriedade comum e do cultivo coletivo do solo. As concepções de Maurer confirmaram as opiniões que, antes de conhecer os escritos de Maurer, Marx já havia exposto sobre a propriedade comum na Índia, entre os celtas e entre os eslavos (ver cartas de Marx a Engels, de 14 de março de 1868 e de 25 de março de 1868). Os escritos mais importantes de Georg Ludwig von Maurer são *Einleitung zur Geschichte der Mark-, Hof-, Dorf- und Stadt-Verfassung und der öffentlichen Gewalt* (Munique, 1854); *Geschichte der Markenverfassung in Deutschland* (Erlangen, 1856); *Geschichte der Fronhöfe, der Bauernhöfe und der Hofverfassung in Deutschland* (Erlangen, 1862-1863), v. I a IV; *Geschichte der Dorfverfassung in Deutschland* Erlangen, 1865-1866), v. I e II; *Geschichte der Städteverfassung in Deutschland* (Erlangen, 1869-1871), v. I a IV. (N. E. A.)

** Como era chamada a Ucrânia, no século XIX. (N. E. A.)

*** Refere-se ao território da Rússia habitado pelos "grandes-russos", ou seja, não habitado pelos ucranianos nem pelos "branco-russos" ou bielorussos. (N. E. A.)

camponês russo vive e trabalha dentro de sua comunidade, apenas; todo o restante do mundo só existe para ele na medida em que se intromete nessa sua comunidade. Tanto é assim que, na língua russa, a mesma palavra *"mir"* significa, por um lado, "o mundo" e, por outro, a "comuna camponesa". Para o camponês, *"ves' mir"*, "o mundo todo", significa a assembleia dos membros da comuna. Portanto, quando o senhor Tkatchov fala da "visão de *mundo"** dos camponeses russos, é evidente que ele traduziu equivocadamente o *"mir"* russo. Esse isolamento completo das comunidades individuais umas das outras, que pode até criar interesses iguais em todo o país, os quais, no entanto, constituem o exato oposto de interesses comuns, é o fundamento natural-espontâneo do *despotismo oriental*; da Índia até a Rússia, a forma de sociedade em que esse isolamento predominou sempre o produziu, sempre encontrou nele seu complemento. Não só o Estado russo em termos gerais, mas até mesmo a sua forma específica, o despotismo czarista, em vez de pairar no ar, é o produto necessário e lógico das condições sociais russas, comas quais ele, segundo o senhor Tkatchov, "nada tem em comum"**! A evolução da Rússia na direção *burguesa* aniquilaria também ali gradativamente a propriedade comunal, sem que o governo russo tenha de interferir com "baionetas e açoite"***. E isso tanto mais porque, na Rússia, a terra comunal não é cultivada comunitariamente pelos camponeses, mas a repartição começa com o produto, como ainda acontece em algumas regiões da Índia; a terra, pelo contrário, é repartida de tempos em tempos entre os chefes de famílias, e cada qual cultiva a sua parcela por conta própria. Em consequência, torna-se possível uma grande diversidade de níveis de prosperidade entre os membros da comunidade, que de fato existe. Quase em toda parte há, entre eles, alguns camponeses ricos – um ou outro até milionário –, que atuam como usurários e espoliam a massa dos camponeses.

---

* Piotr Tkatchov, *Offener Brief an Herrn Friedrich Engels*, cit., p. 5. Grifo de Engels. (N. E. A.)
** Ibidem, p. 6. (N. E. A.)
*** Ibidem, p. 5. (N. E. A.)

Literatura de refugiados

Ninguém conhece isso melhor do que o senhor Tkatchov. Enquanto ele conta aos trabalhadores alemães a lorota de que essa "ideia da propriedade coletiva" só poderia ser expulsa do camponês russo, desse comunista instintivo e tradicional, pela baioneta e pelo açoite, ele relata, na página 15 de sua brochura russa, que: "entre os camponeses se sobressai uma classe de *usurários* [*kulakov*], de *compradores* e *arrendatários* de terras da nobreza – uma aristocracia camponesa"*. Trata-se da mesma espécie de sanguessugas que há pouco descrevemos com mais detalhes.

O golpe mais duro desferido contra a propriedade comunal foi novamente a dispensa dos trabalhos forçados. Aos nobres foi destinada a maior e melhor parte do solo; para os camponeses restou pouco, o bastante para conseguir sobreviver, às vezes nem isso. Nesse processo, as matas foram adjudicadas aos nobres; a partir de então, o camponês passa a ter de comprar a madeira para a queima, para o trabalho e para a construção, que antes podia extrair livremente. Assim sendo, o camponês passou a não ter mais nada além de sua casa e de seu pedaço de terra nua, sem dispor dos meios para cultivá-la e, em geral, sem dispor de terra suficiente para sustentar sua família de uma colheita até a outra. Nessas circunstâncias e sob a pressão dos impostos e da usura, a propriedade comunal da terra não constitui mais um benefício, mas uma amarra. Com frequência, os camponeses se evadem dela, com ou sem a família, para buscar seu alimento como trabalhadores itinerantes, deixando sua terra para trás[2].

Vê-se que a propriedade comunal na Rússia há muito abandonou a época de seu florescimento e, ao que tudo indica, ruma para a própria dissolução. Ainda assim, inegavelmente existe a possibilidade de fazer essa forma social passar para uma forma social superior,

---

* Idem, *Задачи революціонной ропаганды въ Россіи. Письмо къ редактору журнала "Впередъ"* [Tarefas da propaganda revolucionária na Rússia. Carta ao editor da revista *Vperiod*] (Londres, 1874). (N. E. A.)

[2] Cf. sobre a situação dos camponeses, entre outros, o relato oficial da Comissão Governamental sobre a Produção Rural (1873), além de Skaldin, *W Zacholusti i w Stolice* [No último recanto da província e na capital] (São Petersburgo, 1870); este último escrito é de um conservador liberal.

caso ela se conserve até que as circunstâncias estejam maduras para isso e caso ela se mostre capaz de desenvolver-se de tal maneira que os camponeses não mais cultivem a terra de forma separada, mas sim conjuntamente[3]; fazê-la passar para essa forma superior sem que os camponeses russos tenham de percorrer os estágios intermediários da propriedade parceleira burguesa. Porém, isso só poderá acontecer se, na Europa ocidental, uma revolução proletária for vitoriosa ainda antes da desagregação total da propriedade comunal, propiciando ao camponês russo as precondições para essa passagem, e sobretudo também as precondições materiais de que ele necessita para impor a revolução necessariamente associada a ela em todo o seu sistema agrícola. Portanto, é pura conversa quando o senhor Tkatchov diz que os camponeses russos, embora sejam "proprietários", estão "mais próximos do socialismo"* do que os trabalhadores sem propriedade da Europa ocidental. Muito pelo contrário. Se há algo que ainda pode salvar a propriedade comunal russa e propiciar-lhe a oportunidade de se transformar numa nova forma realmente capaz de sobreviver, isto seria uma revolução proletária na Europa ocidental.

A mesma solução fácil que propôs para a revolução econômica o senhor Tkatchov encontrou para a revolução política. O povo russo, diz ele, "protesta incessantemente" contra a escravidão, ora na forma de

> seitas religiosas [...] recusa a pagar impostos [...] bandos de salteadores [os trabalhadores alemães se congratularão porque, sendo assim, Schinderhannes** é o pai da social-democracia alemã]*** [...] incêndios

---

[3] Na Polônia, especialmente na província de Grodno, onde grande parte da nobreza ficou arruinada em consequência do levante de 1863, os camponeses passaram a comprar ou arrendar com mais frequência propriedades da nobreza, cultivando-as indivisamente e *para uma conta comum*. E já faz séculos que esses camponeses não têm mais propriedade comunal, nem são habitantes da Grande Rússia, mas poloneses, lituanos e bielorrussos.

* Piotr Tkatchov, *Offener Brief an Herrn Friedrich Engels*, cit., p. 8 e 5. (N. E. A.)

** Apelido de Johannes Bückler (1779-1803), lendário salteador da região do Hunsrück, na Alemanha, tido como uma espécie de Robin Hood alemão. (N. T.)

*** Entre colchetes, inserção de Engels. (N. E. A.)

criminosos [...] revoltas [...] e, por isso, pode-se dizer que o povo russo é um revolucionário instintivo.*

E, por conseguinte, Tkatchov está convencido de que "bastaria despertar simultaneamente em várias localidades o sentimento acumulado de amargura e insatisfação que [...] ferve sem cessar no peito do nosso povo". Então, "a união das forças revolucionárias se produzirá *por si só* e a luta [...] certamente favorecerá a causa do povo. A necessidade prática, o instinto de autopreservação [automaticamente viabilizarão] uma aliança firme e indissolúvel entre as comunidades que protestam"**.

Não há modo mais fácil e agradável de imaginar uma revolução. Deflagra-se o processo em três ou quatro lugares ao mesmo tempo e o "revolucionário instintivo", a "necessidade prática" e o "instinto de autopreservação" se encarregam do resto "por si só". Diante de toda essa facilidade, simplesmente não se entende por que a revolução ainda não foi feita, por que o povo ainda não foi libertado e a Rússia, transformada no país-modelo do socialismo.

As coisas são bem diferentes na realidade. O povo russo, esse revolucionário instintivo, de fato empreendeu inúmeros levantes camponeses isolados contra a *nobreza* e contra funcionários individuais, mas *jamais contra o czar*, exceto quando surgiu um *falso czar* e reclamou o trono. O último grande levante camponês sob Catarina II só foi possível porque Emelian Pugachev se fez passar por seu esposo Pedro III, que não teria sido assassinado por sua mulher, mas destronado e jogado na masmorra, de onde teria conseguido fugir. O czar, pelo contrário, é o deus terreno do camponês russo: "*Bog vysok, Car daliok* [Deus está lá no alto e o czar está longe]" é seu grito de socorro. Não há dúvida de que a massa da população camponesa foi lançada, principalmente após a dispensa dos trabalhos forçados, numa situação que cada vez mais a forçará a recorrer à luta contra o governo e o czar; mas

---

* Ibidem, p. 5-6. (N. E. A.)
** Ibidem, p. 9. Grifo de Engels. (N. E. A.)

esse conto do "revolucionário instintivo" o senhor Tkatchov deve tentar vender em outro lugar.

Ainda assim, por mais que a massa dos camponeses russos tivesse tal instinto revolucionário, *mesmo* imaginando que pudéssemos fazer revoluções por encomenda, como se confecciona um retalho de tecido de algodão florido ou uma chaleira de chá – mesmo assim, pergunto se é admissível que uma pessoa com mais de doze anos de idade imagine o curso de uma revolução de modo tão exageradamente pueril como ocorre aqui. E pondere-se ainda que isso foi escrito depois que a primeira revolução levada a cabo segundo esse modelo bakuninista – a de 1873, na Espanha – fracassou de modo tão clamoroso. Na Espanha, também se deflagrou o processo em várias localidades ao mesmo tempo. Ali também se contava com que a necessidade prática e o instinto de autopreservação se encarregassem de produzir uma aliança indissolúvel entre as comunidades em protesto. E o que aconteceu? Cada comunidade, cada cidade defendeu apenas a si mesma, o apoio mútuo sequer foi mencionado, e com apenas 3 mil homens Pavia derrotou em catorze dias uma cidade após a outra*, pondo fim a todo o esplendor anárquico[4].

Sem dúvida nenhuma, a Rússia se encontra às vésperas de uma revolução. As finanças estão deterioradas ao extremo. Não há como apertar ainda mais o torniquete dos impostos, e os juros das dívidas públicas antigas estão sendo pagos com novos empréstimos, o que torna cada vez mais difícil conseguir um novo. De fato, hoje só se consegue dinheiro usando as ferrovias como pretexto! A administração desde sempre corrompida de alto a baixo; os funcionários vivendo

---

*   A revolta cantonal deflagrada no dia 5 de julho de 1873 na Espanha pelos adversários do governo federalista almejava uma fragmentação da Espanha em cantões individuais quase independentes, que deveriam estar ligados por um laço tênue na forma de um poder central simbólico. A postura dos bakuninistas nessa revolta é um exemplo para a bancarrota da teoria e da tática anarquistas na luta revolucionária. Engels se debruça sobre essa problemática em seu artigo "Die Bakunisten an der Arbeit". (N. E. A.)

[4]   Ver meu artigo "Die Bakunisten an der Arbeit" [Os bakuninistas em ação], onde tudo isso está esmiuçado. [Texto publicado originalmente no jornal *Der Volksstaat*, nas edições de 3 out., 2 nov. e 5 nov. 1873. Disponível em: <http://www.pco.org.br/biblioteca/socialista/ver_texto.php?txt=80> – N. T.]

mais de roubo, suborno e extorsão do que da remuneração. Toda produção rural – que de longe é a mais essencial para a Rússia – foi completamente desorganizada pela emancipação de 1861; a grande propriedade de terra não dispõe de suficientes forças de trabalho, os camponeses não dispõem de terra suficiente, sendo sufocados pelos impostos e extorquidos pelos usurários; a produção agrícola diminui ano a ano. A duras penas o conjunto é mantido exteriormente coeso por meio de um despotismo oriental, de cuja arbitrariedade nós, aqui no Ocidente, não temos a menor noção; um despotismo que a cada dia que passa não só se revela em gritante contradição com as concepções das classes esclarecidas e principalmente com as da burguesia em rápido crescimento na capital, mas que, na pessoa de seus detentores, já não sabe mais o que quer, que hoje faz concessões ao liberalismo e amanhã volta atrás assustado, o que contribui para que cada vez mais se prive de todo o crédito. Em meio a isso, entre os estratos esclarecidos da nação, concentrados na capital, cresce a consciência de que essa situação é insustentável, que a revolução é iminente, e alimenta-se a ilusão de poder canalizá-la para um leito constitucional tranquilo. Aqui estão reunidas todas as condições para uma revolução, que pode ser deflagrada pelas classes mais altas da capital, talvez até pelo próprio governo, mas que tem de ser levada rapidamente adiante pelos camponeses para além da primeira fase constitucional; uma revolução que será da maior importância para toda a Europa, uma vez que destruirá de um só golpe a última reserva ainda intacta do reacionarismo europeu como um todo. Essa revolução seguramente está a caminho. Somente dois acontecimentos poderiam postergá-la: uma guerra com desfecho feliz contra a Turquia ou contra a Áustria, para a qual haveria dinheiro e alianças garantidas*, ou então uma tentativa prematura de revolta que tornaria a lançar as classes possuidoras nos braços do governo.

---

*　As declarações de Engels indicam que ele acompanhava atentamente a crise iminente nos Bálcãs, que começou efetivamente com a revolta deflagrada no verão de 1875 na Bósnia e Herzegovina e durou até 1878, e que não excluía a possibilidade de um conflito militar entre a Áustria-Hungria e a Rússia, as duas potências rivais nos Bálcãs. (N. E. A.)

CARTA À REDAÇÃO DA *OTECHESTVENYE ZAPISKI*, 1877

Karl Marx

[Surgimento e publicação da carta (MEGA-2):
O motivo imediato que levou Marx a esboçar uma carta à redação da revista *Отечественныя Записки* [*Otechestvenye Zapiski*, Notas Patrióticas], de São Petersburgo, foi o artigo de Nicolai Constantinovitch Michailovski, intitulado "Карлъ Марксъ передъ судомъ г. Ю. Жуковскаго" [Karl Marx diante do tribunal de Ju. Jukovski], publicado no n. 10 da referida revista, de outubro de 1877. O economista vulgar Juli Galactionovitch Jukovski, um burguês liberal, havia feito ataques sem conhecimento de causa contra Marx em sua recensão "Карл Маркс и его книга *Капитал*" [Karl Marx e seu livro *O capital*], publicado na revista *Въстникъ Европы* [O Mensageiro da Europa], também de São Petersburgo, em setembro de 1877. Michailovski, renomado sociólogo nos círculos populistas [*narodniki*] e, mais tarde, ideólogo da tendência liberal dos populistas, sentiu-se desafiado a defender Marx. Ele o fez, no entanto, a partir das posições doutrinárias características dos *narodniki*. Da carta de Marx a Nicolai Franzevitch Danielson, de 15 de novembro de 1878, depreende-se que este lhe enviara o referido n. 10 da *Отечественныя Записки* de São Petersburgo a Londres. A mesma carta informa ainda que Danielson também enviara a Marx o n. 11 dessa revista, de novembro de 1877, no qual fora impresso, a respeito da mesma problemática, um artigo de Nicolai Ivanovitch Sieber com o título "Нъсколько замъчаній по поводу статьи г. Ю. Жуковскаго 'Карлъ Марксъ и его книга *Капиталъ*'" [Algumas notas sobre o artigo de Ju.

Carta à redação da Otechestvenye Zapiski, *1877*

Jukovski "Karl Marx e seu livro *O capital*"]. Tanto é possível, portanto, que Danielson tenha enviado os dois números da *Отечественныя Записки* separadamente, no intervalo de um mês, como também que o tenha feito na mesma postagem para Londres. Entretanto, é certo que Marx esboçou sua resposta à redação da *Отечественныя Записки* imediatamente após receber o artigo de Michailovski. Levando-se em conta as duas variantes possíveis do envio do artigo de Michailovski, deve-se considerar como a data mais tardia possível para o surgimento da carta os dias finais de outubro de 1877 e, como eventual data posterior, o fim de novembro daquele mesmo ano. Em vida, Marx não chegou a enviar a carta à referida redação. Na opinião de Engels, ele não o fez porque temia, já por causa do seu nome, colocar em perigo a existência da revista*. Depois de morte de Marx, Engels encontrou o rascunho da resposta no legado literário de Marx e intermediou sua publicação. Engels confeccionou cópias para a publicação porque o original não era apropriado para a impressão. Ao todo, chegaram até nós três cópias feitas a mão por Engels. Uma foi para German Alexandrovitsch Lopatin, a quem Engels fez uma visita em setembro de 1883 em Londres**. Lopatin levou a carta até São Petersburgo e a revelou para seus companheiros de lutas***.

---

* Carta de Friedrich Engels a Vera Ivanovna Zasulitch, 6 mar. 1884.

** Carta de Friedrich Engels a Laura Lafargue, 19 set. 1883; carta de German Alexandrovitsch Lopatin a Maria Nikolaievna Ochanina, 20 set. 1883; carta de German Alexandrovitsch Lopatin a Alexander Julievitch Finn-Ienotaiévski, 6 jul. 1906; Г. А. Лопатин о своих встречах с Марксом [G. A. Lopatin em suas reuniões com Marx], *Новый день* [Novo Dia], n. 34, 4 maio (21 abr.) 1918. Os três últimos dados foram citados de acordo com "Русские современники о К. Марксе и Ф. Знгельсе [Russos contemporâneos de K. Marx e F. Engels]", publicado pelo Instituto de Marxismo-Leninismo (IML), adjunto ao Comitê Central do Partido Comunista da União Soviética, Moscou, 1969, p. 200-2, 50-2 e 47-50.

*** Ver também as observações de Engels sobre o surgimento e a disseminação da carta de Marx contidas no posfácio a "Questões sociais da Rússia" [incluído neste volume, p. 127-42 – N. E.], que foi impresso na brochura *Internationales aus dem Volksstaat (1871--1875)* [Questões internacionais do *Volksstaat*], Berlim, 1894, p. 68.

Lutas de classes na Rússia

Em sua carta a Engels de 9 (21) de agosto de 1885 de São Petersburgo, Danielson esclareceu que foi impossível publicar a carta de Marx trazida por Lopatin dois anos antes porque muitas revistas estavam proibidas de circular. Ele ainda informou Engels que era desejo do redator do recém-fundado *Съверный Въстникь* [O Mensageiro do Norte], de São Petersburgo, publicar a carta. Por isso, em nome dele, Danielson solicitou a Engels que formulasse em alemão ou francês uma breve carta dirigida ao redator. Para acelerar a publicação, Danielson já enviara anexo à sua carta um esboço dos termos dessa carta ao redator. Danielson mencionou como data possível para a publicação da resposta de Marx à redação da *Отечественныя Записки* setembro ou outubro de 1885. Em 25 de agosto de 1885, Engels respondeu com uma breve carta, no verso da qual constava – acompanhando o esboço de Danielson – a carta ao redator do *Съверный Въстникь*. Formulada em língua francesa, ela tinha o seguinte teor: "Monsieur, Parmi les papiers de mon défunt ami K. M. j'ai trouvé une réponse à un article de M. Michailovsky 'K. M. devant le tribunal de M. Joukovsky'. Comme cette réponse, dont la publication n'a pas eu lieu dans le temps pour des raisons à moi inconnues, peut encore intéresser le public russe, je la mets à votre disposition. Agréez etc." [Senhor, Entre os papéis de meu falecido amigo K. M., encontrei uma resposta a um artigo do sr. Michailovski 'K. M. diante do tribunal do sr. Jukovski'. Como essa resposta, cuja publicação não aconteceu a seu tempo por razões que me são desconhecidas, ainda pode ser do interesse do público russo, coloco-a à vossa disposição. Sem mais etc.]. Em sua carta, Engels conjeturou que Danielson já disporia de uma cópia da resposta de Marx à redação da *Отечественныя Записки*. Do contrário, ele se ofereceu para enviar uma cópia a São Petersburgo. A resposta de Danielson à carta de Engels ocorreu em 25 de agosto (6 de setembro) de 1885. Ele agradeceu pela breve carta ao redator do *Съверный Въстникь* e informou Engels de que a carta de Marx já teria sido traduzida para o russo

Carta à redação da Otechestvenye Zapiski, *1877*

e que provavelmente seria publicada no número de outubro do *Съверный Въстникь*. Essa publicação, contudo, não ocorreu. A impressão da carta de Marx certamente teria representado um alto risco para a existência da recém-fundada revista. O manuscrito original de Marx e as cópias feitas por Engels não têm data. Para determinar a sequência em que foram feitas as cópias, pode-se ponderar o seguinte: Lopatin recebeu a primeira cópia no outono de 1883 em Londres, prevista para publicação no *Отечественныя Записки*. Em consequência, Engels renunciou a um sobrescrito e apenas acrescentou no início a saudação ao redator. Quem recebeu a segunda cópia provavelmente foi Vera Ivanovna Zasulitch. Engels a enviou junto a outra carta, em 6 de março de 1884, dizendo que ela poderia dispor dessa segunda cópia como bem entendesse. Pelo visto foi essa a razão pela qual ele a confeccionou sem saudação nem título. A terceira cópia pode ter sido feita por Engels visando a publicação prevista, mas não realizada, no *Съверный Въстникь*. É possível que Engels a tenha feito por antecipação, mas ela sequer precisou ser enviada, como transparece da carta de Danielson a Engels de 25 de agosto (6 de setembro) de 1885. A esses possíveis fatos acrescenta-se que Engels apôs à terceira cópia um título e riscou a saudação ao redator, que tornara-se supérflua em virtude da breve carta de Engels ao redator do *Съверный Въстникь*, de 25 de agosto 1885, que deveria ser anteposta ao texto de Marx. A primeira tradução russa da carta de Marx, provavelmente feita por Vera Zasulitch*, apareceu na Rússia, em 1885, como litografia. O editor apôs a essa publicação as seguintes observações: "Devido ao aparecimento também na nossa literatura revolucionária 'mais marxista do que o próprio Marx', publica-se esta carta como um interessante documento que ainda não

---

* Carta de Vera Ivanovna Zasulitch a Friedrich Engels, 5 out. 1884; carta de German Alexandrovitch Lopatin a Alexander Julievitsch Finn-Ienotaiévski, 6 jul. 1906.

foi promulgado em nenhum outro lugar"*. Grande parte dessa primeira publicação da carta de Marx caiu nas mãos da polícia. O mesmo destino teve outra publicação ilegal da carta, feita em dezembro de 1885 em São Petersburgo como hectografia. A imprensa russa no exterior publicou a carta de Marx no *Въстникъ Народной Воли* [O Mensageiro da Vontade do Povo], n. 5, 1886, p. 215-8, em Genebra. No prefácio, o redator escreveu, entre outras coisas:

[...] Há muito que gostaríamos de ter publicado esta carta, mas, sabendo que Friedrich Engels cedeu para outro veículo a publicação em russo, nos abstemos de publicá-la. Até agora ela não saiu em nenhuma imprensa russa no estrangeiro. No ano passado, foi publicada na Rússia por nossos companheiros, mas a maior parte caiu nas mãos da polícia. Agora, recebemos de nossos camaradas russos uma tradução com o pedido de publicação e também de difusão, que eles não conseguiram fazer, apesar do interesse da juventude socialista russa. Consideramos um agradável dever atender ao pedido e decorar as páginas de nossa revista com o trabalho de tão célebre socialista. [...]

A primeira publicação legal do trabalho de Marx na Rússia ocorreu no *Юридическій Въстникъ* [O Mensageiro Jurídico], v. 29, em Moscou, em outubro de 1888, p. 270-3. Seu tradutor foi Danielson. Em 1886, seguiram-se duas publicações de uma tradução polonesa da carta, intitulada "Marx contra Michailovski", uma no *Walka Klas. Organ mi gzynarodovei socyialno-revolucyinei partyi*, Genebra, n. 5-7, p. 11-2, e a outra no *Pisma Pomnieisze*, Paris, série I, p. 131-3. A tradução alemã da publicação da carta de Marx no *Въстникъ Народнои Воли*, incluindo o prefácio do redator, veio a público no n. 5 da *New Yorker Volkszeitung* [Diário Popular de Nova York], de 3 de maio de 1887. A mesma tradução foi assumida pelo jornal *Der*

---

* A citação foi extraída da coletânea *К. Маркс, Ф. Знгельс и революционная Россия* [K. Marx, F. Engels e a Revolução Russa], p. 765, publicada pelo IML em 1967.

Carta à redação da Otechestvenye Zapiski, *1877*

Sozialdemokrat [O social-democrata], de Zurique, n. 23, de 3 de junho de 1887. A versão original em francês foi publicada pela primeira vez no *Mouvement Socialiste* [Movimento Socialista], em Paris, n. 93, de 24 de maio de 1902, p. 969-72. A questão referente ao destino do capitalismo na Rússia e as perspectivas para a comuna rural russa, bem como as questões referentes à análise materialista-dialética da história, figuravam entre os problemas mais importantes, cuja solução Marx e Engels debatiam com os *narodniki**. Sobre o capitalismo na Rússia e a perspectiva para a comuna rural russa Engels já se pronunciara em 1875**. A mesma problemática teve certa importância também no prefácio à edição russa do *Manifesto Comunista*, redigido conjuntamente por Marx e Engels no início de 1882; uma última vez, Engels expôs, em 1894, no posfácio a "Questões sociais da Rússia"***, a concepção dele e de Marx sobre o papel da comuna rural e sobre o desenvolvimento do capitalismo na Rússia. Engels ressaltou a concordância total de suas opiniões com as de Marx, fazendo referência e citando extensamente a carta de Marx à redação da Отечественныя Записки e o prefácio à segunda edição russa do *Manifesto Comunista*. Como escreveu Engels, em 1894, a "carta, como tudo que provinha de Marx, recebeu grande atenção e variada interpretação em círculos russos"****. Ainda sob o efeito direto da leitura da carta, Gleb Ivanovitch Uspienski escreveu, no final de 1888, em seu artigo "Горький упрек" [A censura de Gorki]: "algumas linhas escritas talqualmente cada linha de *O capital*, ou seja, com a exata imparcialidade e impecabilidade que K. Marx ex-

---

* No que se refere a Marx, ver sobretudo a sua resposta a questionamentos correspondentes de Vera Ivanovna Zasulitch [cf. neste volume, p. 114-5 – N. E.].

** Ver o escrito de Friedrich Engels intitulado "Flüchtlingsliteratur V" [Literatura de refugiados V], MEGA-2, I/24, p. 414-25 [nesta edição, p. 36-56 – N. E.].

*** Cf. neste volume Karl Marx e Friedrich Engels, "Prefácio à edição russa do *Manifesto Comunista*", e Friedrich Engels, "Posfácio a 'Questões sociais da Rússia'", p. 124-5 e 127-42. (N. E.)

**** Ibidem, p. 136. (N. E.)

plicou todo o curso da nossa vida econômica, desde 1861"*. A carta teve um papel de destaque na obra de Georgi Valentinovitch Plekhanov, *К вопросу о развитии монистического взгляда на историю* [Ensaio sobre o desenvolvimento da concepção monista da história**], que veio a público entre 1892 e 1894. No contexto da discussão com os *narodniki* liberais, entre outros, com Michailovski, e da defesa do marxismo a ela associada, Plekhanov citou e comentou a carta de Marx***. Vladimir Ilitch Lenin, que entrou em discussão com os mesmos representantes dos *narodniki* liberais em 1894, também se referiu várias vezes à carta. Lenin expôs, entre outras coisas, a concepção marxiana da história como "teoria cientificamente consolidada", que nada tem a ver com a pretensão de ter respondido todas as perguntas sobre a história da humanidade. Fazendo referência, entre outras coisas, à carta de Marx, ele declarou a concepção materialista da história como um método de explicação que exige objetividade científica e procedimento histórico-concreto na investigação de processos históricos****. Em conexão com a retificação de falsificações do conteúdo da carta, Lenin exigiu que a aplicação da teoria marxiana à Rússia deveria consistir em examinar as condições de produção russas e seu desenvolvimento mediante a utilização dos meios elaborados pelo método materialista e pela teoria da economia política*****.]

---

* Gleb Ivanovitch Uspienski, *Собрание сочинений* [Obras reunidas] (Moscou, 1957), tomo 9, p. 166.

** Ed. port.: Lisboa, Horizonte, 1976. (N. E.)

*** Georgi Valentinovitch Plekhanov, "К вопросу о развитии...", em *Сочинения* [Trabalhos], t. 7, Moscou/Leningrado, 1925, p. 261-84.

**** Vladimir I. Lenin, "Was sind die 'Volksfreunde' und wie kämpfen sie gegen die Sozialdemokraten?", em *Werke*, v. 1, Berlim, 1974. p. 137. [Ed. bras.: "Quem são os 'Amigos do povo' e como lutam contra os social-democratas?", em *Obras completas*, 5. ed., Moscou, Progresso, 1981, t. 1 – N. T.]

***** Ibidem, p. 265-7.

Carta à redação da Otechestvenye Zapiski, *1877*

***

Senhor Editor*

Ref. ao artigo "Karl Marx diante do tribunal do sr. Jukovski"

O autor** do artigo sobre Jukovski é evidentemente sagaz e, se tivesse encontrado na minha exposição acerca da "acumulação primitiva"*** uma única passagem que apoiasse suas conclusões, ele a teria citado. Na falta de tal passagem, se vê obrigado a lançar mão de uma passagem secundária, de uma tirada polêmica contra um "beletrista"**** russo, impressa no apêndice da primeira edição alemã de *O capital******. Qual foi a censura que dirigi a esse escritor? A de que não foi na Rússia que ele descobriu o comunismo "russo", mas no

---

* O representante oficial da redação do jornal naquela época era Mikhail Ievgrafovitch Saltykow-Chtchedrin. (N. E. A.)

** O artigo de Nicolai Constantinovitch Michailovski "Карлъ Марксъ передъ судомъ г. Ю. Жуковскаго", no caderno de outubro de 1877 da *Отечественныя Записки*, foi uma réplica ao artigo "Карлъ Марксъ и его книга Капиталъ", publicado pelo economista vulgar burguês Juli Galactionovitch Jukovski, no caderno 9 do ano de 1877 da revista mensal liberal *Въстникъ Европы*, de São Petersburgo. Como um dos principais ideólogos dos *narodniki*, Michailovski tinha uma relação ambígua com as teorias de Marx. (Sobre a atividade ideológica e prática de Michailovski, ver, entre outros, Vladimir Ilitch Lenin, "Die Volkstümler über N. C. Michailovski", *Werke*, Berlim, 1965, v. 20, p. 108-12). (N. E. A.)

*** Karl Marx, *Das Kapital. Kritik der politischen Oekonomie* (Hamburgo, 1867), Livro I, p. 699-745: "A assim chamada acumulação primitiva". (N. E. A.) [Ed. bras.: *O capital: crítica da economia política*, trad. Rubens Enderle, São Paulo, Boitempo, 2013, Livro I, p. 785-833 – N. T.]

**** Alexander Ivanovitch Herzen. O termo "beletrista", que não era usual no francês, visava evidentemente apontar a falta de seriedade científica de Herzen. (N. E. A.)

***** A polêmica contra Alexander Ivanovitch Herzen no apêndice às notas do Livro I, no primeiro volume de *O capital*, tem o seguinte teor: "Se a influência da produção capitalista, que solapa a raça humana mediante sobretrabalho, divisão do trabalho, subjugação à máquina, aleijamento do corpo imaturo e do corpo feminino, vida precária etc. continuar se desenvolvendo no continente europeu como o fez até agora – ou seja, de mãos dadas com a soldadesca nacional, a dívida pública, os impostos, a condução elegante da guerra etc. –, acabará se tornando inevitável o rejuvenescimento da Europa pelo açoite e pela infusão obrigatória de sangue calmuco, tão seriamente profetizado pelo meio russo e moscovita por inteiro Herzen (diga-se de passagem que não foi na Rússia que esse beletrista fez suas descobertas sobre o 'comunismo russo', mas na obra de Haxthausen, conselheiro do governo prussiano)" (*Das Kapital*, cit., p. 763). Na segunda edição melhorada do primeiro volume de *O capital*, publicada em 1872 em Hamburgo, já não consta mais a passagem sobre Herzen. (N. E. A.)

livro de Haxthausen*, um conselheiro do governo prussiano, e que, em suas mãos, a comuna russa só serve de argumento para provar que a velha Europa poderia ter sido regenerada pela vitória do pan--eslavismo. Minha apreciação desse escritor pode ser justa ou pode ser falsa, mas em nenhum caso ela fornecerá a chave de minha visão sobre os esforços "dos homens russos para encontrar um caminho de desenvolvimento para a sua pátria, diferente daquele que foi e é trilhado pela Europa ocidental [...]"**. No posfácio à segunda edição alemã de *O capital* – livro que o autor do artigo sobre Jukovski conhece, pois o cita – falo de um "grande erudito e crítico russo"***, com a alta consideração que lhe é devida. Em artigos notáveis, ele tratou da questão de se a Rússia deve começar, como querem os economistas liberais, por destruir a comuna rural para passar ao regime capitalista ou se, pelo contrário, ela poderia, sem experimentar a tortura infligida por esse regime, apropriar-se de todos os seus frutos mediante o desenvolvimento de seus próprios pressupostos históricos. E ele se pronuncia a favor da última solução. E meu prezado crítico teria razões no mínimo tão fortes tanto para inferir da minha consideração por esse "grande erudito e crítico russo" que compartilho a sua visão

---

* August von Haxthausen, *Studien über die innern Zustände, das Volksleben und insbesondere die ländlichen Einrichtungen Rußlands* [Estudos sobre as condições internas, a vida do povo e especialmente as instituições rurais da Rússia] (Hannover, 1847, partes 1 e 2; Berlim, 1852, parte 3). Haxthausen descobriu a propriedade comum de terras dos camponeses russos por volta de 1845; ver Friedrich Engels, *Internationales aus dem Volksstaat (1871-1875)* (Berlim, 1894), p. 55. Ele via a vantagem especial da Rússia no fato de, em contraposição aos Estados da Europa ocidental, faltar-lhe o mal do "pauperismo – proletarismo" (August von Haxthausen, *Studien*, cit., parte 3, p. 151). (N. E. A.)

** Marx cita o artigo de Nicolai Constantinovitch Michailovski, "Карлъ Марксъ передъ судомъ г. Ю. Жуковскаго", *Отечественныя Записки*, São Petersburgo, n. 10, out. 1877, p. 326. (N. E. A.)

*** Referência a Nicolai Gavrilovich Tchernichevski, erudito e revolucionário russo. Em conexão com a exposição do declínio da economia política burguesa, Marx citou sua declaração de falência por John Stuart Mill "tal como o grande erudito e crítico russo N. Tchernischevski já esclarecera magistralmente em sua obra *Lineamentos da economia política segundo Mill*" (p. 816-7) [ed. bras.: *O capital*, cit., p. 86 – N. T.]. Marx possuía em seu acervo a obra de Tchernischevski "Очерки изъ политическои зкономiи (по Миллю)" [Artigo de política econômica (por Mill)], que havia sido publicada em Genebra e na Basileia como o volume 4 da *Сочиненiя* em 1870. (N. E. A.)

Carta à redação da Otechestvenye Zapiski, *1877*

sobre essa questão quanto para concluir de minha polêmica contra o "beletrista" e pan-eslavista russo que rejeito a sua visão.

Enfim, como eu não gosto de deixar nada "para ser adivinhado", direi as coisas sem meias palavras. Para poder julgar com conhecimento de causa o desenvolvimento econômico da Rússia contemporânea, aprendi a língua russa e depois estudei durante longos anos as publicações oficiais referentes a esse tema*, entre outras. O resultado a que cheguei foi este: se a Rússia prosseguir no rumo tomado depois de 1861, ela perderá a melhor chance que a história já ofereceu a um povo, para, em vez disso, suportar todas as vicissitudes fatais do regime capitalista.

II)

O capítulo sobre a acumulação primitiva visa exclusivamente traçar a rota pela qual, na Europa ocidental, a ordem econômica capitalista saiu das entranhas da ordem econômica feudal. Portanto, ele acompanha o movimento que divorciou o produtor de seus meios de produção, transformando o primeiro em assalariado (proletário, no sentido moderno da palavra) e os últimos em capital. Nessa história, "o que faz época é toda revolução que serve de alavanca para o avanço da classe capitalista em formação [...].

II)

O capítulo sobre a acumulação primitiva visa exclusivamente traçar a rota pela qual, na Europa ocidental, a ordem econômica capitalista saiu das entranhas da ordem econômica feudal. Portanto, ele expõe o movimento histórico que, divorciando os produtores de seus meios de produção, converteu os primeiros em assalariados (proletários, no sentido moderno da palavra) e os detentores dos últimos em capitalistas. Nessa história, "o que faz época é toda revolução que serve de alavanca para o avanço da classe capitalista em

---

* Indicações da bibliografia russa que Marx consultou para suas pesquisas sobre a situação da propriedade fundiária russa estão contidas na troca de correspondência com Nicolai Franzevitch Danielson. Ver *Карлъ Марксъ, Ф. Энгельс и революционная Россия* [Karl Marx, F. Engels e a Revolução Russa] (Moscou, 1967). (N. E. A.)

Lutas de classes na Rússia

	formação, sobretudo aquelas que, despojando grandes massas de seus meios de produção e de subsistência tradicionais, lançam-nas de modo imprevisto no mercado de trabalho. Mas a base de toda
Mas a base de toda essa evolução é a expropriação dos agricultores".	essa evolução é a expropriação dos agricultores. Ela só se realizou de um modo radical na Inglaterra [...]. Mas todos os outros países da Europa ocidental percorrem o
Ao final do capítulo, trato da tendência histórica da acumulação capitalista e afirmo que a sua última palavra	mesmo processo etc."*. Ao final do capítulo, a tendência histórica da produção capitalista se reduz a isto: que ela "engendra a sua própria negação com a mesma fatalidade que conduz as metamorfoses da natureza", que ela mesma criou os elementos de uma nova ordem econômica, proporcionando ao mesmo tempo o maior impulso às capacidades produtivas do trabalho social e ao desenvolvimento integral de todo produtor individual e que a
é a transformação da propriedade capitalista	propriedade capitalista, baseada de fato já num modo de produção coletivo, só pode transformar-se
em propriedade social.	em propriedade social.**

---

* Karl Marx, *Le capital* (Paris, 1872-1875), p. 315. (N. E. A.) [Ed. bras.: *O capital*, cit., p. 787-8, notas – N. T.]

** Há duas redações do mesmo parágrafo, no manuscrito original. Aqui estão em colunas, lado a lado. (N. T.)

Carta à redação da Otechestvenye Zapiski, *1877*

Nesse ponto, não apresentei nenhuma prova por uma boa razão: essa afirmação não passa de um resumo sintético de longas explicitações dadas nos capítulos sobre a produção capitalista.

Ora, como o meu crítico aplicou esse esboço histórico à Rússia? Tão somente assim: se a Rússia tende a tornar-se uma nação capitalista a exemplo das nações da Europa ocidental – e durante os últimos anos ela se esforçou muito nesse sentido –, não será bem-sucedida sem ter transformado, de antemão, uma boa parte de seus camponeses em proletários; e, depois disso, uma vez levada ao âmago do regime capitalista, terá de suportar suas leis impiedosas como os demais povos profanos. Isso é tudo! Mas isso é pouco para o meu crítico. Ele ainda tem necessidade de metamorfosear totalmente o meu esquema histórico da gênese do capitalismo na Europa ocidental em uma teoria histórico-filosófica do curso geral fatalmente imposto a todos os povos, independentemente das circunstâncias históricas nas quais eles se encontrem, para acabar chegando à formação econômica que assegura, com o maior impulso possível das forças produtivas do trabalho social, o desenvolvimento mais integral possível da cada produtor individual. Porém, peço-lhe desculpas. (Sinto-me tão honrado quanto ofendido com isso.) Tomemos um exemplo. Em diferentes pontos de *O capital* fiz alusão ao destino que tiveram os plebeus da antiga Roma*. Eles eram originalmente camponeses livres que cultivavam, cada qual pela própria conta, suas referidas parcelas. No decurso da história romana, acabaram expropriados. O mesmo movimento que os separa de seus meios de produção e de subsistência implica não somente a formação da grande propriedade fundiária, mas também a formação dos grandes capitais monetários. Assim sendo, numa bela manhã (eis aí), de um lado homens livres, desprovidos de tudo menos de sua força de trabalho, e do outro, para explorar o trabalho daqueles, os detentores de todas as riquezas adquiridas. O que aconteceu? Os proletários

---

* Karl Marx, *Das Kapital*, cit., Livro I, p. 263, n. 152, e p. 712 n. 211. (N. E. A.) [Ed. bras.: *O capital*, cit., Livro I, p. 359, n. 152, e p. 798-9, n. 211 – N. T.]

romanos não se converteram em trabalhadores assalariados, mas numa "*mob* [turba]" desocupada, ainda mais abjetos do que os assim chamados "*poor whites* [brancos pobres]"* dos estados sulistas dos Estados Unidos, e ao lado deles se desenvolve um modo de produção que não é capitalista, mas escravagista. Portanto, acontecimentos de uma analogia que salta aos olhos, mas que se passam em ambientes históricos diferentes, levando a resultados totalmente díspares. Quando se estuda cada uma dessas evoluções à parte, comparando-as em seguida, pode-se encontrar facilmente a chave desse fenômeno. Contudo, jamais se chegará a isso tendo como chave-mestra uma teoria histórico-filosófica geral, cuja virtude suprema consiste em ser supra-histórica.

---

* A produção de algodão trouxe lucros gigantescos aos fazendeiros escravistas (cerca de 3% da população dos quinze estados escravistas do sul dos Estados Unidos). A economia de plantações baseada na escravatura impedia o desenvolvimento da produção de mercadorias em pequena escala, de modo que grande parte dos fazendeiros ficou arruinada e se transformou em "brancos pobres". Cultivando a terra depauperada, eles moravam em barracos miseráveis e eram desprezados até pelos escravos. Os grandes escravistas dominavam então os escravos e os milhões de "brancos pobres". (N. E. A.)

Vera Ivanovna Zasulitch em 1866.

A CORRESPONDÊNCIA ENTRE VERA IVANOVNA ZASULITCH E KARL MARX

Vera Zasulitch e Karl Marx

David Riazanov

Já em 1911, ao ocupar-me com a classificação dos papéis de Marx que se encontravam com Lafargue, deparei com várias cartas em formato de oitava, escritas à mão com sua letra miúda, cobertas de palavras riscadas, inserções e complementos posteriores e, em grande parte, novamente riscados. Já numa primeira classificação ficou claro para mim que se tratava de um esboço, ou melhor, de vários esboços de resposta à carta de Zasulitch, de 16 de fevereiro de 1881. Um dos esboços trazia a data de 8 de março de 1881, e era de se supor que, justamente esta, servira de base para a resposta definitiva.

Escrevi, naquela ocasião, a Plekhanov, perguntando se havia uma resposta de Marx à carta de Zasulitch, mas recebi de volta uma negativa. Dirigi a mesma pergunta, por intermédio de terceiros, à própria Zasulitch, mas o resultado não foi melhor. Não sei mais ao certo se me dirigi também a Axelrod. Provavelmente fiz isso e provavelmente recebi a mesma resposta negativa.

No entanto, eu ainda me lembrava de ter ouvido, durante minha estadia na Suíça em 1883, uma narrativa por vezes fantástica sobre uma troca de correspondência entre o grupo Emancipação do Trabalho e Marx sobre a comuna camponesa russa. Circulavam até mesmo anedotas muito inverossímeis sobre um embate pessoal entre Plekhanov, que nega a propriedade comunal, e Marx, que a teria defendido.

No necrológio a Marx que foi publicado em 1889, no *Calendário da Vontade do Povo*, rememorou-se:

com que disposição de ânimo ele, no último ano de sua vida, havia decidido, por encargo do Comitê de São Petersburgo (como se expressou Marx numa carta a Zasulitch), a escrever especificamente para a Rússia uma brochura sobre o possível desenvolvimento de nossa comuna camponesa – uma questão de interesse tão candente para os socialistas russos.[1]

Porém, os esboços falavam de uma resposta à carta de Vera Zasulitch de 16 de fevereiro de 1881. O *Calendário* falava do "último ano de vida" de Marx. A categórica resposta negativa de Plekhanov e de Zasulitch forçou-me a supor – erroneamente, como ficaria evidente – que a carta de Marx mencionada no *Calendário* poderia ter surgido em outra ocasião.

No verão de 1923, quando estive em Berlim, fiquei sabendo por intermédio de B. Nicolaievski que, no arquivo de Axelrod, tinha sido encontrada uma carta de Marx.

Depois de uma comparação dessa carta de Marx a Zasulitch com os esboços, constatei que o texto passado a limpo era a reprodução exata de um dos esboços, justamente daquele datado de 8 de março de 1881. Faltavam apenas as citações de *O capital*, o endereço e a assinatura. Eu poderia ter impresso o esboço em meu poder, mas preferi aguardar até que fosse impressa a última redação da carta por Marx.

Entrementes isso aconteceu. No segundo volume dos *Materiais sobre a história do movimento revolucionário*, publicado em russo em Berlim com base no arquivo de P. B. Axelrod, foi impressa a carta de Marx no texto original em francês (inclusive com um fac-símile) com uma introdução de B. Nicolaievski. Uma tradução para o alemão consta no artigo: B. Nicolaievski, "Marx und das russische Problem" [Marx e o problema russo], em *Die Gesellschaft*, v. I, n. 4, jul. 1924, p. 359-66.

Resulta que, para os então editores, "permanecem desconhecidos os reais motivos pelos quais essa carta de Marx, que se referiu a uma questão tão vivamente discutida pelos círculos revolucionários russos, caiu no esquecimento"[2].

---

[1] *Kalendar narodnoi voli*, 1889, p. 180.

[2] *Materialy po istorii russkogo revolucionnogo dviženiia* (Berlim, 1924), t. II, p. 11. Arquivo. B. Akselroda. Russkii Revolucionnii Archiv.

[A carta] foi esquecida de tal maneira que na memória de P. B. Axelrod, por exemplo, que se encontrava na Romênia no inverno de 1880-1881 (suposta época do recebimento da carta), não se preservou qualquer vestígio sobre uma carta recebida por V. I. Zasulitch, tampouco sobre essa carta ou sobre as conversas que ela sem dúvida deve ter provocado – nem sobre qualquer outro indício.[3]

Vimos que Plekhanov e até a própria destinatária, V. Zasulitch, também se esqueceram por completo dessa carta. É preciso reconhecer que esse esquecimento, justamente tendo em vista o interesse especial que tal documento sem dúvida despertaria, possui um caráter um tanto estranho e provavelmente constitui, para psicólogos de ofício, um dos exemplos mais interessantes das extraordinárias insuficiências do mecanismo de nossa memória.

A carta de Zasulitch, que publicamos a seguir, sem dúvida deve ter causado forte impressão em Marx. Diante de uma ingenuidade e uma sinceridade tão diretas e de tamanha incapacidade teórica ao colocar toda a questão da comuna camponesa sobre uma base ético-social, atestando em cada linha quanto sofrimento causava na autora e também em seus camaradas – Plekhanov e Deutsch[4] sem dúvida tinham ciência de seu conteúdo – a questão do destino da comuna camponesa, Marx se dispôs a formular de imediato uma resposta.

Como se pode depreender dos esboços que publicamos, ele pretendia dar uma resposta extensa. Portanto, pelo visto é equivocada a opinião de Nicolaievski no sentido de que a insatisfação de Marx com o grupo Partilha Negra fez com que ele tivesse deixado de escrever algo franco e detalhado. Marx não teria se deixado influenciar por seu posicionamento em relação aos membros do Partilha Negra,

---

[3] Ibidem, p. 11-2.

[4] Na coletânea organizada em russo por L. Deutsch, *Materialien zur Geschichte der Gruppe Befreiung der Arbeit* [Materiais sobre a história do grupo Emancipação do Trabalho] (1924), foi impressa uma carta de Friedrich Engels a Vera Zasulitch. Do prefácio de Deutsch se depreende que Engels também havia esquecido essa carta de Zasulitch a Marx, assim como a resposta de Marx. Ao mesmo tempo, ele menciona que "como todos os revolucionários russos daquela época estavam altamente interessados na questão do destino do capitalismo

nem mesmo se soubesse que Zasulitch pertencia a esse grupo. Nem L. Hartmann nem N. Morosov, que informaram Marx sobre a cisão do Terra e Liberdade, conseguiram dizer algo que desabonasse Zasulitch. Por isso, mantenho a suposição que já expressei em minhas preleções sobre Marx e Engels, de que a única coisa que o impediu de responder tão extensamente como havia planejado foi sua própria capacidade de trabalho já solapada, cujas marcas se percebem nos esboços[5]. Uma ponderação que ele menciona na carta – a saber, a promessa feita ao Comitê Executivo da Vontade do Povo – também poderia tê-lo feito recuar. O menos provável é que essa carta seja um recuo diante dos membros do Partilha Negra, especialmente na época em que se situa a carta de Zasulitch, isto é, no período entre a publicação do primeiro e do segundo número da revista *Partilha Negra*. Marx declara categoricamente que a "comuna camponesa é a alavanca da regeneração social da Rússia", mas que "seria necessário, primeiramente, eliminar as influências deletérias que a assaltam de todos os lados e, então, assegurar-lhe as condições de um desenvolvimento natural" – em outras palavras, derrubar, antes de tudo, o absolutismo. Sua resposta, em todo caso, foi mais resoluta do que a que ele deu no prefácio à edição russa do *Manifesto Comunista*, no qual apenas apresenta a contemporaneidade da revolução russa com a revolução dos trabalhadores no Ocidente como condição necessária para a transformação das comunas camponesas em ponto de partida para o desenvolvimento comunista.

Bernstein tem mais razão ao dizer que Marx e Engels "às vezes se continham na expressão de seu ceticismo" para não decepcionar demais os revolucionários russos, que, como bem sabiam, "atribuíam grande importância à questão da propriedade comunal"[6]. Nos

---

na Rússia, nós pedimos a Vera Ivanovna que, em sua carta a Marx, instasse junto a ele a solução desse problema". Ocorre que ele confunde essa carta com aquela em que Zasulitch solicitou a Marx que escrevesse o prefácio à tradução russa do *Manifesto Comunista*.

[5]   David Riazanov, *Marks i Engels* (Moscou, Moskovskii Rabochii, 1923), p. 246.

[6]   Ver o artigo de Eduard Bernstein, "K. Marks i russkie revolucionery" [Karl Marx e os revolucionários russos], publicado na revista *Minuvshie Gody* [Anos Passados], São

esboços que publicamos, contudo, esse ceticismo é expresso com bastante clareza.

Apontamos para a resposta que, alguns anos antes, Engels dera a Piotr Tkatchov, que, não obstante todo o seu jacobinismo, não depositava na comuna camponesa menos esperanças do que os *narodovolcy*[7] e os membros do Partilha Negra.

> Vê-se que a propriedade comunal na Rússia há muito já deixou para trás a época do seu florescimento e, ao que tudo indica, ruma para a sua dissolução. Ainda assim, inegavelmente existe a possibilidade de fazer essa forma social passar a uma forma social superior, caso ela se conserve até que as circunstâncias estejam maduras para tanto e caso ela se mostre capaz de desenvolver-se de tal maneira que os camponeses não mais cultivem a terra separadamente, mas em conjunto; isto é, fazê-la passar para essa forma superior sem que os camponeses russos tenham de percorrer os estágios intermediários da propriedade parceleira burguesa. Porém, isso só poderá acontecer se, na Europa ocidental, uma revolução proletária for vitoriosa ainda antes da desagregação total da propriedade comunal e propicie ao camponês russo não apenas as precondições para essa passagem, mas também, e sobretudo, as precondições materiais de que ele necessita para impor a revolução necessariamente associada a ela em todo o seu sistema agrícola. Portanto, é pura conversa quando o senhor Tkatchov diz que os camponeses russos, embora sejam "proprietários", estão "mais próximos do socialismo" do que os trabalhadores sem propriedade da Europa ocidental. Muito pelo contrário. Se há algo que ainda pode salvar a propriedade comunal russa e propiciar-lhe a oportunidade de se transformar numa nova forma realmente capaz de sobreviver, isto seria uma revolução proletária na Europa ocidental.[8]

A conclusão condicional de Marx e Engels foi aceita também por Plekhanov em seu *Der Sozialismus und der politische Kampf* [O socialis-

---

Petersburgo, v. I, n. 11, 1908, p. 17; ed. alemã: Karl Marx e Mikhail Bakunin (org.), *Archiv für Sozialwissenschaft und Sozialpolitik*, 1910, v. XXX, p. 1-29.

[7] Adeptos da organização Vontade do Povo.

[8] Friedrich Engels, *Internationales aus dem Volksstaat (1871-1875)* (Berlim, 1894), p. 57-8.

A correspondência entre Vera Ivanovna Zasulitch e Karl Marx

mo e a luta política] e por Vera Zasulitch no prefácio à tradução russa de *Entwicklung des wissenschaftlichen Sozialismus* [Desenvolvimento do socialismo científico].

Ainda não haviam se passado dois anos desde que escrevera a sua carta a Marx quando Vera Zasulitch chegou à conclusão de que o processo de desagregação da comuna camponesa avançava sem cessar. Ela escreveu no referido prefácio:

> Esse processo que indica a desagregação da comuna camponesa é constatado com maior clareza a cada ano que passa pelos pesquisadores do assunto, e o *kulak* [fazendeiro próspero], que inevitavelmente figura em todas as exposições da vida camponesa, serve como o mais verossímil indício disso, além de ser o fator mais forte e indestrutível. Ele mina todos os fundamentos da existência social, converte a seu favor todo o direito e toda a ordem adquirida em muitos séculos de prática do *mir*, que garantiam a condução justa de seus assuntos, extraindo vantagens das instituições criadas exatamente contra ele, como os bancos agrários, e até lucraria com o aumento das parcelas camponesas, se ele existisse em algum lugar. Não há outro meio de destruí-lo a não ser pela aniquilação radical da possibilidade de surgimento da posse desigual, e, por conseguinte, a dissolução gradativa da propriedade comunal, a acumulação do capital e a disseminação da grande indústria são inevitáveis. O futuro próximo da Rússia pertence ao crescimento do capitalismo, mas só o futuro próximo; ele dificilmente presenciará a dissolução definitiva da comuna camponesa. Todo o desenvolvimento econômico da Rússia está ligado de forma muito estreita ao desenvolvimento da Europa ocidental e, nele, os dias do capitalismo já estão contados. A revolução socialista no Ocidente também porá um fim no capitalismo do Oriente e, nesse momento, os resquícios das instituições da propriedade comunal podem prestar um grande serviço.[9]

Vimos que os primeiros marxistas russos tiraram por conta própria todas as conclusões lógicas necessárias do parecer condicional de

---

[9] Do prefácio de Vera Ivanovna Zasulitch à tradução russa de *Entwicklung des Sozialismus von der Utopie zur Wissenschaft* [Desenvolvimento do socialismo de utopia à ciência] (Genebra, 1884), p. V.

Marx e Engels. Essa visão teve o seu primeiro reflexo no programa inaugural do grupo Emancipação do Trabalho e no livro de Plekhanov intitulado *Nossas diferenças*. Só bem mais tarde – principalmente em seus trabalhos publicados depois de 1890 – o posicionamento de Plekhanov em relação à comuna camponesa russa seria incisivamente alterado, e sua atitude cética frente à possibilidade concreta da comuna se converteria em uma contundente negação.

Não nos deteremos na análise da visão mesma de Marx. A despeito de estarmos lidando aqui apenas com esboços, eles se revestem de tal relevância para a análise da visão tanto de Marx quanto de Engels sobre o desenvolvimento da propriedade comunal, que postergaremos o tratamento desse assunto até a publicação de outros trabalhos ainda inéditos de Marx e Engels sobre a propriedade fundiária das Índias Orientais e germânica. É desnecessário apontar especialmente para a importância que têm os esboços impressos por nós no sentido de familiarizar-nos com a maneira de trabalhar de Marx.

Justamente em consideração a essa última circunstância, reproduzo a seguir, apesar das muitas repetições, todos os quatro esboços de Marx em seu teor integral, inclusive todas as passagens riscadas, na medida em que puderam ser decifradas e uma vez que elas apresentam divergências – mesmo que pequenas – entre si e frente ao texto não apagado. O primeiro e o segundo esboços são sobremodo confusos. Algumas páginas oferecem à primeira vista a própria imagem do caos indeslindável. As muitas passagens riscadas, em cujo emaranhado às vezes só com dificuldade se consegue descobrir as palavras não riscadas, as linhas intercaladas entremeando-se, os complementos escritos em desalinho, as inserções posteriores, as não raras repetições inteiramente literais no mesmo esboço, enfim, toda a disformidade exterior dos esboços exigiu de mim uma redação desse material no sentido de que concatenei pessoalmente as partes com afinidade de conteúdo, nas quais Marx não dá nenhuma indicação quanto à ordenação, e, além disso, coloquei alguma coisa em notas de rodapé.

Embora os esboços se afigurem exteriormente tão intrincados, a elaboração dos textos – depois de feita a decifração daqueles – não trouxe dificuldades especiais, visto que o arcabouço sólido da edificação não concluída pode ser divisado com nitidez, e isso justamente no primeiro esboço – exteriormente o mais intrincado de todos –, no qual a linha de pensamento foi levada até o fim. Passando da formulação da questão sobre o futuro da comuna agrícola russa (i) para a análise da inevitabilidade supostamente histórica de sua ruína (ii), o esboço leva, após a exposição de seu ambiente histórico específico (iii) e da descrição de sua crise atual bastante complexa (iv), a argumentação até a conclusão: a necessidade da revolução (v).

Nicolai Bukharin auxiliou-me – ainda em 1913, em Viena – na decifração do manuscrito. Esse trabalho foi finalizado por E. Smirnov e E. Czóbel.

***

Carta a Karl Marx, 16 fev. 1881

Vera Ivanovna Zasulitch

16 de fevereiro de 1881
Genebra
Rua de Lausanne, n. 49
L'Imprimerie Polonaise

Honorável Cidadão!

Vós não ignorais que vosso *O capital* desfruta de grande popularidade na Rússia. Apesar do confisco da edição, os poucos exemplares que restaram são lidos e relidos pela massa de pessoas mais ou menos instruídas de nosso país – há homens sérios que o estudam. Mas o que vós provavelmente ignorais é o papel que desempenha vosso *O capital* nas discussões sobre a questão agrária na Rússia e sobre a nossa comuna rural. Vós sabeis melhor do que ninguém o quanto essa questão é urgente na Rússia. Vós sabeis o que pensa Tchernichevski. Nossa literatura avançada, como, por exemplo, os artigos da *Отечественныя Записки* [Notas Patrióticas], continua a desenvolver suas ideias. Mas, a meu ver, trata-se de uma questão de vida ou morte, sobretudo para o nosso partido socialista. Do posicionamento da vossa parte sobre essa questão depende até mesmo o nosso destino pessoal como socialistas revolucionários. Apenas duas soluções são possíveis. A comuna rural, liberada das exigências desmesuradas do fisco, dos pagamentos aos donos das terras e da administração arbitrária, é capaz de se desenvolver pela via socialista, quer dizer, de organizar pouco a pouco sua produção e distribuição de produtos sobre bases coletivistas. Nesse caso, o socialista revolucionário deve envidar todos os seus esforços em prol da libertação da comuna e de seu desenvolvimento.

Mas se, pelo contrário, a comuna está destinada a perecer, ao socialista como tal não resta outra coisa senão dedicar-se a cálculos mais ou menos mal fundamentados para descobrir em quantas dezenas de anos a terra do camponês russo passará de suas mãos para as da burguesia, em quantas centenas de anos, talvez, o capitalismo atingirá na Rússia um desenvolvimento comparável ao da Europa ocidental. Eles deverão, portanto, fazer a propaganda apenas entre os trabalhadores das cidades, que por sua vez serão continuamente inundadas pela massa de camponeses, a ser lançada em seus paralelepípedos em busca de salário, como consequência da dissolução da comuna.

Nos últimos tempos, ouvimos dizer com frequência que a comuna rural é uma forma arcaica, condenada à morte, como se fosse a coisa mais indiscutível, pela história, pelo socialismo científico. As pessoas que apregoam isso se dizem vossos discípulos por excelência: "marxistas". Seu argumento mais forte muitas vezes é: "Foi Marx quem disse isso". Quando se objeta: "Mas como vós deduzis isso de seu *O capital*? Ele não trata da questão agrária e nunca fala da Rússia", eles replicam, de um modo talvez um tanto temerário: "Ele o teria dito se tivesse falado do vosso país". Vós compreendeis, portanto, Cidadão, até que ponto vossa opinião sobre essa questão nos interessa e como é grande o serviço que vós nos prestaríeis, expondo vossas ideias sobre o possível destino de nossa comuna rural e sobre a teoria da necessidade histórica de que todos os países do mundo passem por todas as fases da produção capitalista.

Tomo a liberdade de vos pedir, Cidadão, em nome de meus amigos, que se disponha a prestar-nos esse serviço.

Se o tempo não permitir que exponhais vossas ideias sobre essas questões de uma maneira mais ou menos detalhada, tenhais ao menos o obséquio de fazê-lo na forma de uma carta que queirais permitir que eu traduza e publique na Rússia.

Recebei, Cidadão, minhas respeitosas saudações,
Vera Zasulitch

Meu endereço:
L'Imprimerie Polonaise
Rua de Lausanne, n. 49
Genebra

***

Primeiro ao quarto esboços e carta a Vera Ivanovna Zasulitch

Karl Marx

[Surgimento e publicação dos esboços e da carta (MEGA-2):

Com os esboços e a carta em resposta a Vera Ivanovna Zasulitch, Marx deu continuidade às suas investigações sobre as questões referentes à perspectiva e ao papel histórico da comuna rural russa e ao destino do capitalismo na Rússia. Tais escritos foram motivados por uma carta recebida de Vera Zasulitch, datada de 16 de fevereiro de 1881. Sergei Mikhailovitch Kravtchinski, Lev Grigorievitch Deutsch, Jacob Vasilievitch Stefanovitch, Szimon Dickstein e Ludvic Varinski, companheiros de luta e amigos de Vera Zasulitch em Genebra, haviam lhe solicitado que escrevesse a Marx porque a discussão conjunta sobre o artigo "Къ вопросу о развитіи капитализма въ Россіи" [À questão sobre o desenvolvimento do capitalismo na Rússia], de autoria do *narodnik* liberal Vasili Pavlovitch Voronzov, não trouxera nenhum resultado claro. O referido artigo havia sido publicado no n. 9, de setembro de 1880, da revista *Отечественныя Записки* [Notas Patrióticas]. Voronzov, a exemplo de Nicolai Constantinovitch Michailovski, defendia o ponto de vista de que o capitalismo não tinha quaisquer chances de se desenvolver na Rússia. Em dezembro de 1880, Nicolai Alexandrovitch Morosov, um representante do Comitê Executivo da organização Народная Воля [A Vontade do Povo], de São Petersburgo, já solicitara a Marx que expusesse a sua opinião sobre as questões controversas, principalmente sobre a perspectiva da comuna rural russa*. A promessa feita por Marx naquela ocasião, a saber, de escrever um trabalho específico sobre a questão do possível destino da comuna rural russa, ainda não tinha sido cumprida quando chegou a carta de Vera Zasulitch. Mais tarde Marx tampouco pôde escrevê-lo. Os planos foram frustrados pelas mesmas circunstâncias que impediram Marx de terminar mais cedo a carta de resposta a Vera Zasulitch: grave enfermidade, sobrecarga de trabalho e grandes preocupações familiares**. A carta de resposta de Marx a Vera Zasulitch é datada de 8 de março de 1881, assim como o quarto esboço. Os pri-

---

* Ver "Некролог Карла Маркса" [Obituário de Karl Marx], em *Calendário da Vontade do Povo*, Genebra, 1883, p. 177-80; Nicolai Alexandrovitch Morosov, "Карл Маркс и Народной Воли в начале 80-х годов" [Karl Marx e a Vontade do Povo no começo dos anos 1880], em *Каторга и ссылка* [Trabalhos forçados e exílio], n. 3, 1933; idem, "У Карла Маркса" [Em Karl Marx], em *Исвестия* [Notícias], n. 260, 7 nov. 1935; os dados foram extraídos de "Русские современники о К. Марксе и Ф. Знгельсе" [Russos contemporâneos de K. Marx e F. Engels], publicado pelo Instituto de Marxismo-Leninismo, Moscou, 1969, p. 236-9, p. 78-84 e 84-6.
** Carta de Karl Marx a Nicolai Franzevitch Danielson, 19 fev. 1881.

meiros três esboços da carta não estão datados. É de se supor que Marx tenha se ocupado com a resposta às perguntas feitas logo após tê-las recebido . Indícios disso estão presentes em enunciados de cartas que têm certa importância para o primeiro esboço. Na carta já mencionada a Danielson, de 19 de fevereiro de 1881, Marx abordou, entre outras coisas, os ciclos das colheitas, a diminuição da qualidade do solo e os períodos de fome na Rússia. A carta de Marx a Ferdinand Domela Nieuwenhuis, de 22 de fevereiro de 1881, faz referência à participação das classes e dos governos dominantes na preparação das massas para a revolução. A resposta às duas perguntas de Vera Zasulitch determinou a subdivisão geral do conteúdo dos esboços e da carta em si. Marx se deparou com a tarefa de 1) explicar a essência materialista-dialética de sua filosofia da história e 2) examinar a situação da comuna rural russa, determinando sua perspectiva a fim de conclusões correspondentes para a estratégia e a tática do partido socialista russo. Como se depreende da carta de 16 de fevereiro 1881, Vera Zasulitch e seus amigos esperavam que a resposta às suas perguntas viesse na forma de um trabalho mais extenso, talvez uma brochura, mas, caso necessário, também em forma de uma carta*. Pelo visto, Marx de fato tinha planejado dar uma resposta bastante extensa, que iria além de uma carta convencional. Ele possivelmente associou a isso a intenção de fazer um estudo prévio para um ensaio mais detalhado, até porque ainda tinha de cumprir a promessa feita ao Comitê Executivo de São Petersburgo de escrever um trabalho correspondente. Por conseguinte, os três primeiros esboços abrangem um espectro amplo de problemas referentes ao desenvolvimento da comuna rural russa, incluindo questões sobre sua história

---

* Carta de Lev Grigorievitch Deutsch e Vera Ivanovna Zasulitch a Georgi Valentinovitch Plekhanov e Rosalia Marcovna Plekhanova, 10 mar. 1881; os dados provêm de "Русские современники", p. 193-4.

e o possível papel a ser desempenhado na renovação socialista da Rússia, de enunciados correspondentes em forma de tese e sua fundamentação conceitual. À medida que avançavam os esboços, a profusão de ideias foi formulada num todo coerente, e alguns problemas foram tratados de forma mais extensa e aprofundada. Não foram feitas correções de enunciados teóricos de um esboço para o outro. Os esboços se diferenciam pelas ênfases de conteúdo, sobretudo. O primeiro esboço é o que distingue com mais detalhes, nas seções 2 a 5, os problemas a serem resolvidos e as indicações correspondentes de solução. É o único esboço em que são feitas inferências políticas de ponderações teóricas. Marx escreve que, para salvar a comuna rural russa, seria necessária uma revolução russa. Marx subdividiu o primeiro esboço em cinco seções. Na seção 1, orientando-se para a questão da propriedade, ele ressaltou as condições materiais que estão na base da história em geral e, em especial, da história do surgimento da produção capitalista exposta em *O capital*. O decisivo foi a transformação de uma forma de propriedade privada em outra forma de propriedade privada. Constatando que a terra em poder dos camponeses russos jamais foi sua propriedade privada, Marx excluiu de antemão a possibilidade de formular analogias históricas abstratas. Ele deixou claro que a resposta à pergunta pela possível evolução da propriedade comum (arcaica) russa para a moderna propriedade socialista deve acontecer de modo histórico-concreto sob as condições do contexto histórico do capitalismo de 1881. Essa seção contém de fato os princípios metodológico-teóricos condutores das investigações seguintes sobre a história, as condições reais de existência e a perspectiva da comuna rural russa.
Entre os aspectos mais importantes do conteúdo da seção 2 está a caracterização da situação específica da comunidade

aldeã na Rússia. A coexistência com o capitalismo na Europa ocidental fez surgir para a comunidade aldeã na Rússia a possibilidade historicamente singular de apropriar-se das conquistas da produção capitalista sem precisar passar por todas as suas terríveis vicissitudes. Marx ressaltou que a comunidade aldeã russa não apenas foi contemporânea da produção capitalista como também vivenciou a crise do capitalismo, em meio à qual emergiu intensificada a tendência histórica da passagem para uma forma superior do tipo social arcaico. Na transformação revolucionária de seu contexto histórico, Marx vislumbrou a condição incontornável da evolução da comuna aldeã russa para um patamar superior.

No passo seguinte de sua exposição, Marx embasou e concretizou suas teses fundamentais. Ao mesmo tempo que comprova a grande capacidade de sobrevivência natural da comunidade arcaica, Marx determina o lugar da comunidade aldeã russa no processo histórico global. Ela foi caracterizada por ele como o tipo mais recente da formação social arcaica, como a assim chamada comunidade agrícola, que, em razão de seu dualismo característico no desenvolvimento da Europa ocidental, constituiu o período de transição da propriedade comum para a propriedade privada, da formação primária para a formação secundária. O possível desenvolvimento alternativo da comunidade aldeã derivou, para Marx, da interação entre a estrutura socioeconômica dualista e um ambiente histórico totalmente diferente. Ele defendeu a concepção de que a comunidade aldeã russa, pela via da evolução de sua base, ou seja, da propriedade comum da terra, poderia tornar-se o ponto de partida direto do sistema econômico para o qual tende a sociedade moderna. O conteúdo decisivo que leva a um avanço na seção 3 consiste em que Marx complementou as análises teóricas anteriores com a análise das condições reais, concretas da existência da comunidade agrícola na Rússia. Da análise das forças de efeito destrutivo sobre a comunidade aldeã russa – pressão fiscal, espoliação da comunidade aldeã pela via do comércio, da posse da terra e da usura – Marx inferiu que a opressão vinda de fora desencadeia o conflito de interesses já existente no interior da própria comunidade e faz crescer rapidamente os germes da destruição presentes nela. Marx viu a revolução russa como a possível salvação da comunidade aldeã das mãos dos grupos de interesse que contra ela conspiravam.

Na seção 4, ele complementou e aprofundou as ponderações sobre a história da comunidade primitiva. A fixação de aspectos teóricos e metodológicos de sua investigação tinha, antes de tudo, caráter programático, visando trabalhos futuros.

Na seção 5, Marx abrangeu a problemática da revolução russa, que, em última análise, era a condição política decisiva para a evolução da comunidade aldeã. Marx também reservou para um momento posterior a elaboração concreta desse ponto da subdivisão. O caráter de esboço das exposições transparece sobretudo nas seções 2 e 3. Provavelmente em virtude de interrupções no seu trabalho, Marx repete várias vezes, em parte literalmente, suas teses teóricas fundamentais, com as quais ele vinculou os diversos aspectos de sua concretização.

A formulação do segundo esboço da resposta a Vera Zasulitch é bem mais coesa, tendo sido igualmente subdividida em cinco seções. Esse documento não contém conhecimentos novos decisivos, e as diferenças de conteúdo em relação ao primeiro se devem, sobretudo, ao fato de que uma série de ideias do primeiro não foi mais levada em conta.

Em relação ao conteúdo, a seção 1 do segundo esboço coincide com a seção 1 do primeiro. Nova é a seção 2, na qual Marx se manifesta em relação aos marxistas russos. As seções 3 e 4 remontam, em sua essência, à seção 2 do primeiro esboço. Na seção 3, Marx expõe a situação histórica específica da comunidade aldeã russa, situação essa que a diferenciava das comunidades primitivas do Ocidente. A

seção 4 contém a exposição da estrutura socioeconômica da comunidade aldeã russa e das possíveis tendências de seu desenvolvimento. A seção 5 se apoia no conteúdo das seções 4 e 5 do primeiro esboço. Contudo, ela não contém mais a referência à necessidade da revolução russa.
O terceiro esboço também é subdividido em duas partes, correspondendo às duas perguntas feitas por Vera Zasulitch em sua carta. A primeira parte corresponde à seção 1 dos esboços anteriores. A segunda parte se apoia, em essência, no conteúdo da seção 2 do primeiro esboço e no das seções 3 e 4 do segundo. A redução da subdivisão da segunda parte para apenas três seções aumentou a coesão lógica da exposição. O terceiro esboço, contudo, ficou incompleto, deixando de constar a exposição das condições contemporâneas concretas da existência da comunidade aldeã russa, bem como das conclusões para a atividade política dos revolucionários russos. Como mostram os esboços, o objeto em questão só poderia ser tratado satisfatoriamente na forma de um trabalho maior, como, por exemplo, uma brochura. Dado que Marx em princípio não cogitava em expor à discussão pública conhecimentos não amadurecidos, as múltiplas ideias dos primeiros três esboços não tiveram expressão concreta na carta de resposta.
No quarto esboço, Marx fixou, por fim, o conteúdo e a forma da possível variante de uma carta de resposta. A carta a Vera Zasulitch foi enviada tendo como complemento apenas as citações correspondentes de *O capital*. A menção de Marx ao trabalho que ele havia prometido ao Comitê de São Petersburgo sublinhou o caráter provisório das respostas que ele estava dando às perguntas formuladas. O trabalho prometido era relevante para responder sobretudo à segunda pergunta. Assim sendo, Vera Zasulitch pôde inferir da informação de Marx a respeito de estudos já feitos com base em material proveniente de fontes originais que esse trabalho já havia sido encetado e que, justamente por isso, Marx havia

deixado de fundamentar teoricamente sua convicção, posta em termos abstratos e na forma de teses. Os esboços e a carta a Vera Zasulitch tomaram forma a partir de uma base extraordinariamente ampla de material. Em conexão com seus trabalhos para terminar *O capital*, Marx empreendeu, a partir da década de 1870, estudos abrangentes sobre o desenvolvimento social e político da Rússia, principalmente investigações sobre as condições agrárias russas*. Além disso, Marx se ocupou nas décadas de 1870 e 1880 com variados estudos históricos e etnológicos. De especial importância para a resposta às perguntas de Vera Zasulitch foi o estudo, por parte de Marx, das seguintes obras: Lewis Henry Morgan, *Ancient Society or Researches in the Lines of Human Progress from Savagery through Barbarism to Civilization* [A sociedade antiga ou pesquisas nas linhas do progresso humano da selvageria à civilização, passando pelo barbarismo] (Londres, 1877); Maxim Kovalevski, *Общинное землевладѣніе, причины, ходъ и послѣдствія его разложенія* [Propriedade communal da terra, as causas, os cursos e as consequências de sua expansão] (Moscou, 1879, t. 1); e Henry James Sumner Maine, *Lectures on the Early History of Institutions* [Aulas sobre a primeira história das instituições] (Londres, 1875). Além disso, Marx tomou como importante base de materiais as obras de Georg Ludwig von Maurer. A análise marxiana da essência e do desenvolvimento da comunidade e da propriedade comunal nos *Manuscritos econômicos de 1857-1858* contém apenas uma menção secundária da forma eslava da propriedade comunal. Os três primeiros esboços de sua resposta a Vera Zasulitch representam a primeira investigação específica que Marx empreendeu da comunidade aldeã russa. A análise profunda das possibilidades de desenvolvimento da comunidade aldeã russa – por sua vez, resultantes da

---

* De acordo com o prefácio de Engels a *Das Kapital* (Hamburgo, 1894), Livro III, p. IX.

A correspondência entre Vera Ivanovna Zasulitch e Karl Marx

interação entre sua estrutura socioeconômica (dualismo) e seu ambiente histórico, isto é, o capitalismo marcado pelo caráter de transição – enriqueceu o marxismo com novos conhecimentos. Vera Zasulitch pôs seus amigos e companheiros de lutas a par do conteúdo da carta recebida. Uma cópia dela foi recebida também por Plekhanov*. Nas publicações dos revolucionários russos não se comprovam reações diretas ao conteúdo da carta. A carta de resposta de Marx de 8 de março de 1881 foi publicada pela primeira vez na versão original em francês, dotada de um prefácio de Boris Ivanovitch Nicolaievski, em *Материалы по истории русского революционнго движения* [Materiais sobre a história do movimento revolucionário russo]**. No MEA [Arquivo Marx-Engels], p. 318-40, David Riazanov providenciou a primeira publicação do texto original em francês dos quatro esboços. Contudo, ele reordenou o texto de uma maneira discrepante do original. Neste volume, é apresentado pela primeira vez ao público o texto autêntico.]

***

Primeiro esboço

1) Ao tratar da gênese da produção capitalista, eu disse que, no fundo, ela é "a separação radical entre o produtor e seus meios de produção" e que "a base de toda essa evolução é *a expropriação dos agricultores*. Ela só se realizou de um modo radical na Inglaterra [...]. Mas *todos os outros países da Europa ocidental* percorrem o mesmo processo"***.

---

*   Carta de Lev Grigorievitsch Deutsch e Vera Ivanovna Zasulitch a Georgi Valentinovitch Plekhanov e Rosalia Marcovna Plekhanova, 10 mar. 1881.

** Arquivo de P. B. Axelrod, parte 2, Русский революционный [A revolução russa] (Berlim, 1924), p. 11-7.

*** Karl Marx, *Le capital* (Paris [1872-1875]), p. 315. Os grifos não constam da edição francesa. (N. E. A.) [Cf. ed. bras.: *O capital*, São Paulo, Boitempo, 2013, p. 787s e nota – N. T.]

Portanto, restringi expressamente a "fatalidade histórica"* desse movimento aos países da Europa ocidental. E por quê? Verificai, por favor, o capítulo 32, no qual se lê:

> [O] movimento de eliminação que transforma os meios de produção individuais e esparsos em meios de produção socialmente concentrados e que, por conseguinte, converte a propriedade nanica de muitos em propriedade gigantesca de poucos, essa expropriação dolorosa e terrível do povo trabalhador, aí estão as origens, aí está a gênese do capital. [...] A *propriedade privada*, fundada no trabalho pessoal [...] é suplantada *pela propriedade privada capitalista*, fundada na exploração do trabalho de outrem, sobre o trabalho assalariado.**

Assim, em última análise, ocorre a transformação *de uma forma de propriedade privada em outra forma de propriedade privada*. A terra nas mãos dos camponeses russos jamais foi *a sua propriedade privada*; então, como se aplicaria esse desenvolvimento?

2) Do ponto de vista histórico, o único argumento sério a favor da *dissolução fatal* da comuna de *camponeses russos* é este: quando muito, se encontra em toda parte na Europa ocidental um tipo mais ou menos arcaico de propriedade comum; ela desapareceu totalmente com o progresso social. Por que ela escaparia a esse mesmo destino tão somente na Rússia? Respondo: porque na Rússia, graças a uma combinação de circunstâncias únicas, a comuna rural, ainda estabelecida em escala nacional, pode se livrar gradualmente de suas características primitivas e se desenvolver diretamente como elemento da produção coletiva em escala nacional. É justamente graças à contemporaneidade da produção capitalista que ela pode se apropriar de todas *as conquistas positivas* e isto sem passar por suas

---

* Referência à passagem da carta de Vera Zasulitch a Marx, de 16 de fevereiro de 1881, que menciona "[...] a teoria da necessidade histórica de que todos os países do mundo passem por todas as fases da produção capitalista" [ver neste volume p. 80 – N. T.]. Entre os ideólogos dos *narodniki* estava difundida a opinião de que Marx defenderia uma concepção fatalista da história. Marx, contudo, posicionou-se reiteradamente contra isso. (N. E. A.)

** Ibidem, p. 241. Os grifos não constam da edição francesa. (N. E. A.) [Cf. ed. bras.: *O capital*, cit., p. 831s – N. T.]

vicissitudes desagradáveis. A Rússia não vive isolada do mundo moderno, tampouco foi vítima de algum conquistador estrangeiro, como o foram as Índias Orientais.

Se os adeptos russos do sistema capitalista negam a possibilidade teórica de tal evolução, eu lhes proporia a seguinte questão: para explorar as máquinas, os barcos a vapor, as ferrovias, a Rússia foi forçada, a exemplo do Ocidente, a passar por um longo período de incubação da indústria mecânica? Que eles me expliquem de novo como fizeram para introduzir entre eles num piscar de olhos todo o mecanismo de trocas (bancos, sociedades de crédito etc.), cuja produção custou séculos ao Ocidente?

Se, no momento da emancipação, as comunas rurais tivessem sido de antemão situadas nas condições de prosperidade normal; se, em seguida, a imensa dívida pública paga em sua maior parte à custa dos camponeses, junto com as demais somas enormes fornecidas por intermédio do Estado (e sempre à custa dos camponeses) aos "novos pilares da sociedade"*, transformados em capitalistas; enfim, se todas essas despesas tivessem servido ao desenvolvimento ulterior da comuna rural, então ninguém devanearia hoje sobre "a fatalidade histórica" da aniquilação da comuna: todo mundo reconheceria nela um elemento de regeneração da sociedade russa e de superioridade em relação aos países ainda subjugados pelo regime capitalista.

Outra circunstância favorável à conservação da comuna russa (pela via do desenvolvimento) é que ela não só é contemporânea da produção capitalista como também sobreviveu à época em que esse sistema social ainda se apresentava intacto. É que ela o encontra, pelo contrário, tanto na Europa ocidental quanto nos Estados Unidos, em luta contra a ciência, contra as massas populares e contra as próprias forças produtivas que engendra. Em suma, ela o encontra numa crise

---

* Conceito que remonta a Mikhail Ievgrafovitch Saltikov-Chtchedrin, de quem Marx assinalou, na obra Убъжище Монрепо. Сочиненіе М. Е. Салтыкова (Щедрина) [Refúgio Mon Repos: obras de M. E. Saltikov-Chtchedrin], as passagens que dizem que os capitalistas se alçam ao primeiro plano como os novos esteios da sociedade. Ver Mikhail Ievgrafovitch Saltikov-Chtchedrin, Убъжище Монрепо (São Petersburgo, 1880), p. 181 e 189. (N. E. A.)

que só terminará com a sua eliminação, com o retorno das sociedades modernas ao tipo "arcaico" da propriedade comum, uma forma ou, como disse um autor norte-americano nem um pouco suspeito de tendências revolucionárias e que em seus trabalhos contou com o apoio do governo de Washington, "o sistema novo" para o qual tende a sociedade moderna "será uma renascença (*a revival*) numa forma superior (*in a superior form*) de um tipo social arcaico"*. Por conseguinte, não há porque deixar-se atemorizar pela palavra "arcaico".

Porém, seria preciso conhecer ao menos essas vicissitudes. Nós não sabemos nada. De uma maneira ou de outra, essa comuna pereceu em meio a guerras incessantes, tanto estrangeiras como internas; provavelmente acarretou em mortes violentas. Quando as tribos germânicas conquistaram a Itália, a Espanha, a Gália etc., sua comuna do tipo arcaico já não existia mais. No entanto, sua *vitalidade natural* pode ser evidenciada por dois fatos. Ainda há exemplares esparsos que sobreviveram a todas as vicissitudes da Idade Média e se conservam até os nossos dias, como, por exemplo, em meu país natal, no distrito de Trier. Mas, o que é mais importante, ela imprimiu suas próprias características sobre a comuna que a suplantou – na qual a terra arável se tornou propriedade privada, enquanto as florestas, pastagens, terras ociosas etc. continuaram sendo propriedade comunal – de tal modo que Maurer, decifrando essa comuna de formação secundária, pôde reconstruir o protótipo arcaico**. Graças aos traços característicos tomados desta, a nova comuna, introduzida pelos germanos em todos os países conquistados, tornou-se durante toda a Idade Média o único foco de liberdade e de vida populares.

Se, depois da época de Tácito***, nada sabemos nem sobre a vida da *comuna* nem sobre como e quando ela desapareceu, sabemos ao

---

* Lewis Henry Morgan, *Ancient Society or Researches in the Lines of Human Progress from Savagery through Barbarism to Civilization* (Londres, 1877), p. 552. (N. E. A.)

** Georg Ludwig von Maurer, *Einleitung zur Geschichte der Mark-, Hof-, Dorf- und Stadt--Verfassung und der öffentlichen Gewalt* (Munique, 1854). (N. E. A.)

*** A obra *Germania*, de Públio Cornélio Tácito (que viveu entre os anos 55 e 120, aproximadamente), é uma das mais importantes fontes escritas preservadas sobre a história dos germanos. (N. E. A.)

menos de que ponto ela partiu, graças aos relatos de Júlio César*. Em seu tempo, a terra era repartida anualmente entre os clãs e as tribos das confederações germânicas, mas ainda não entre os membros individuais de uma comuna. Na Germânia, portanto, a comuna rural é oriunda de um tipo mais arcaico, tendo sido o produto de um desenvolvimento espontâneo, em vez de algo importado já pronto da Ásia. Lá, nas Índias Orientais, nós reencontramos a comuna desde sempre como o último termo ou o último período da formação arcaica.

Para julgar os destinos possíveis de um ponto de vista puramente teórico, isto é, pressupondo sempre as condições de vida normais, tenho de indicar agora certos traços característicos que distinguem a "comuna agrícola" dos tipos mais arcaicos.

Primeiramente, as comunidades primitivas anteriores estão todas baseadas no parentesco natural de seus membros; rompendo esse laço tão apertado, a comuna agrícola torna-se mais capaz de expandir-se e de suportar o contato com estrangeiros.

Depois, dentro dela, a casa e seu complemento (o pátio) já são propriedade privada do agricultor, na medida em que, muito tempo antes da introdução da agricultura, a casa comum constituiu uma das bases materiais das comunidades precedentes.

Por fim, não obstante a terra arável continuar como propriedade comunal, ela passa a ser periodicamente dividida entre os membros da comuna agrícola, de sorte que cada agricultor explora por conta própria os campos que lhe foram designados, apropriando-se individualmente dos frutos, enquanto nas comunidades mais arcaicas a produção é feita em comum e apenas se reparte o produto. Esse tipo primitivo de produção cooperativa ou coletiva foi, que fique claro, o resultado da fraqueza do indivíduo isolado e não da socialização dos meios de produção. Facilmente se compreende que o dualismo inerente à "comuna agrícola" podia proporcionar-lhe uma vida vigorosa, pois, de um lado, a propriedade comum e todas as relações sociais dela decorrentes proporcionavam uma sede sólida,

---

* Referência a Gaio Júlio César, *Comentarii de belo Gallico*, cap. VI, p. 21. (N. E. A.)

Lutas de classes na Rússia

ao mesmo tempo que a casa privada, a cultura parceleira da terra arável e a apropriação privada dos frutos admitiam um desenvolvimento da individualidade, incompatível com as condições das comunidades mais primitivas. Porém, não menos evidente é que esse mesmo dualismo podia, com o tempo, tornar-se uma fonte de decomposição. Além de todas as influências dos ambientes hostis, tanto a simples acumulação gradual do patrimônio mobiliário – que começa com o patrimônio de animais e admite inclusive o patrimônio de servos – quanto o papel cada vez mais pronunciado que esse elemento mobiliário desempenha na própria agricultura (além de muitas outras circunstâncias inseparáveis dessa acumulação, cuja exposição me levaria muito longe) agiram como um solvente da igualdade econômica e social, terminando por trazer à luz, no seio da própria comuna, um conflito de interesses que acarreta primeiramente a conversão da terra arável em propriedade privada e que acaba na apropriação privada das florestas, pastagens e terras ociosas etc., as quais já haviam se convertido em *anexos comunais* da propriedade privada.

É por isso que a "comuna agrícola" se apresenta em toda parte como o *tipo mais recente* da formação arcaica das sociedades e que, no interior do movimento histórico da Europa ocidental, tanto da antiga como da moderna, o período da comuna agrícola aparece como período de transição da propriedade comum para a propriedade privada, como período de transição da formação primária para a formação secundária. Mas isso quer dizer que, em todas as circunstâncias, o desenvolvimento da "comuna agrícola" deve seguir esse mesmo curso? De modo algum. Sua forma constitutiva admite a seguinte alternativa: ou o elemento da propriedade privada implicado nela prevalecerá sobre o elemento coletivo ou este último prevalecerá sobre o primeiro. Essas duas soluções são *a priori* possíveis, mas para que ocorra uma ou outra é preciso, evidentemente, que haja ambientes históricos completamente díspares. Tudo depende do ambiente histórico em que a comuna se encontra localizada.

A Rússia é o único país europeu em que a "comuna agrícola" se manteve em escala nacional até os dias atuais. Ela não foi vítima de um conquistador estrangeiro, a exemplo das Índias Orientais, nem vive isolada do mundo moderno. De um lado, a propriedade comum da terra lhe permite transformar de modo direto e gradual a agricultura parceleira e individualista em agricultura coletiva, sendo que os camponeses russos já a praticam em pradarias indivisas; a configuração física do seu solo convida à exploração mecânica em larga escala; a familiaridade do camponês com o contrato de *artel** facilita a transição do trabalho parceleiro para o trabalho cooperativo e, por fim, a sociedade russa, que há tanto tempo vive às custas deles, deve-lhes os adiantamentos necessários para essa transição. De outro lado, a contemporaneidade da produção ocidental, que domina o mercado mundial, permite à Rússia incorporar à comuna todas as conquistas positivas produzidas pelo sistema capitalista sem passar por suas forcas caudinas [*fourches caudines*]**.

Se os porta-vozes dos "novos pilares sociais" negarem a possibilidade *teórica* da evolução indicada da comuna rural moderna, pergunte-lhes isto: a Rússia foi obrigada, como o Ocidente, a passar por um longo período de incubação da indústria mecânica para ter acesso a máquinas, barcos a vapor, ferrovias etc.? Pergunte-lhes, ademais, como fizeram para introduzir entre si num piscar de olhos

---

*   Na Rússia pré-revolucionária, o *artel* agrícola foi uma associação de pequenos produtores agrícolas visando à produção agrícola comum e/ou o processamento de produtos agrícolas. Na segunda metade do século XIX, surgiram *artels* em conexão com a destruição de comunidades aldeãs. Os *narodniki* idealizaram os *artels* agrícolas. Eles viram nestes uma forma de socialização da produção agrícola. Em contraposição, os marxistas russos tinham clareza sobre o fato de que, sob as condições capitalistas, a burguesia aldeã era quem mais tirava proveito dos *artels*. A fundação de *artels* agrícolas geralmente levava ao empobrecimento dos participantes ou à transformação dos *artels* em associações que empresários capitalistas usavam para espoliar trabalhadores contratados. (N. E. A.)

** Expressão oriunda da cidade de Caudium (atual Montesarchio), em cujas cercanias ("nos desfiladeiros caudinos") os samnitas encurralaram e derrotaram um exército romano no ano de 321 antes da nossa era. Segundo o costume guerreiro itálico, os romanos tiveram de passar por uma fileira de lanças cruzadas em forma de forcado. A expressão "forcas caudinas" designa, portanto, uma humilhação pela qual é preciso passar para se livrar de um aperto. (N. E. A.)

Lutas de classes na Rússia

todo o mecanismo de trocas (bancos, sociedades por ações etc.), cuja produção custou séculos ao Ocidente?

Há uma característica da "comuna agrícola" na Rússia que a fragiliza, tornando-a hostil em todos os sentidos. Trata-se de seu isolamento, a falta de ligação entre a vida de uma comuna e a das demais, esse *microcosmo localizado* que não se encontra mais em parte alguma como característica imanente desse tipo, mas que, onde se encontra, fez surgir um despotismo mais ou menos central, que paira sobre as comunas. A federação das repúblicas russas do norte prova que esse isolamento, que parece ter sido originalmente imposto pela vasta extensão do território, foi consolidado em grande parte pelas fatalidades políticas que a Rússia teve de suportar depois da invasão mongol. Atualmente trata-se de um obstáculo muito fácil de eliminar. Seria preciso simplesmente substituir a *volost**, a instância governamental, por uma assembleia de camponeses eleitos pelas próprias comunas e servindo de órgão econômico e administrativo dos seus interesses.

Uma circunstância muito favorável do ponto de vista histórico à conservação da "comuna agrícola" pela via do seu desenvolvimento ulterior consiste em que ela não só é contemporânea da produção capitalista ocidental – podendo assim se apropriar dos frutos sem se sujeitar ao seu *modus operandi* –, mas também sobreviveu à época em que o sistema capitalista se apresentou ainda intacto, em que ela o encontra, pelo contrário, na Europa ocidental, assim como nos Estados Unidos, em luta contra as massas trabalhadoras, contra a ciência, contra as próprias forças produtivas que engendra – em suma, ela o encontra numa crise que terminará com a sua eliminação, com o

---

* Unidade administrativa que remonta à Idade Média. Depois da abolição do poder administrativo e judicial dos donos de terras sobre os camponeses, foi instituída, no ano de 1861, a autogestão camponesa dessas unidades administrativas sob a supervisão de um funcionário do governo. A *volost* agregava localidades circunvizinhas numa quantidade de 300 a 2000 homens. Os camponeses elegiam os órgãos administrativos locais e os próprios tribunais, ou seja, nas localidades individuais, o ancião da aldeia (*starosta*) e, nas unidades administrativas maiores, o ancião do distrito (*starchina*), bem como as demais pessoas administrativas e judiciais. (N. E. A.)

retorno das sociedades modernas a uma forma superior de um tipo "arcaico" da propriedade e da produção coletivas.

É óbvio que a revolução da comuna se fará gradualmente e que o primeiro passo será colocá-la em condições normais sobre a *sua base atual*.

Falando em termos teóricos, a "comuna rural" russa pode, portanto, conservar-se, desenvolvendo sua base, a propriedade comum da terra, e eliminando o princípio da propriedade privada, igualmente implicado nela; ela pode tornar-se um *ponto de partida direto* do sistema econômico para o qual tende a sociedade moderna; ela pode trocar de pele sem precisar se suicidar; ela pode se apropriar dos frutos com que a produção capitalista enriqueceu a humanidade sem passar pelo regime capitalista, regime que, considerado exclusivamente do ponto de vista de sua *duração* possível, conta muito pouco na vida da sociedade. Porém, é preciso descer da teoria pura à realidade russa.

3) Para expropriar os agricultores não é necessário escorraçá-los de sua terra, como se fez na Inglaterra e em outras partes; tampouco é necessário abolir a propriedade comum mediante um ucasse*. Privai os camponeses do produto do seu trabalho agrícola para além de uma determinada medida e, malgrado vossa gendarmaria e vosso exército, jamais conseguireis prendê-los novamente nos campos! Nos últimos tempos do Império Romano dos decuriões provinciais, não foram os camponeses, mas os proprietários de terras que deixaram suas casas, abandonaram suas terras e até se venderam como escravos, e tudo isso para se desembaraçar de uma propriedade que não passava de um pretexto oficial para oprimi-los sem dó nem piedade.

Desde a assim chamada emancipação dos camponeses, a comuna russa foi colocada pelo Estado em condições econômicas anômalas e desde esse tempo não cessou de sucumbir às forças sociais concen-

---

* Na Rússia imperial, um ucasse era uma proclamação do czar (ou mesmo de um líder religioso) que tinha a mesma força de lei que um decreto contemporâneo. (N. T.)

tradas em suas mãos. Extenuada pela carga fiscal que pesa sobre ela, tornou-se matéria inerte passível de ser facilmente explorada pelo comércio, pela propriedade fundiária e pela usura. Essa opressão vinda de fora desencadeou no seio da própria comuna o conflito de interesses já presente nela e desenvolveu rapidamente os germes de sua decomposição. Mas isso não é tudo. À custa dos camponeses, o Estado deu forte impulso aos ramos do sistema capitalista ocidental que, sem desenvolver de nenhum modo as capacidades produtivas da agricultura, são os mais apropriados para facilitar o roubo de seus frutos pelos intermediários improdutivos. Desse modo, ele cooperou para o enriquecimento de um novo parasita capitalista que suga o sangue já tão anêmico da "comuna rural". (Em suma: o Estado concorreu para o desenvolvimento precoce dos meios técnicos e econômicos mais apropriados, a fim de facilitar e precipitar a exploração do agricultor, isto é, da maior força produtiva da Rússia, além de enriquecer os "novos pilares sociais".)

A menos que seja rompido por uma potente reação, esse concurso de influências destrutivas naturalmente deverá levar a comuna rural à morte.

Porém, é preciso perguntar-se: por que todo esse interesse – inclusive da parte das grandes indústrias que se encontram sob a tutela governamental – em obter resultados tão bons no estado atual da comuna rural, por que eles, cientes disso, conspiram para matar a galinha que põe para eles seus ovos de ouro? Precisamente porque sentem que "esse estado atual" não se sustenta, e que, em consequência, o modo atual de explorar já não está mais na moda. A miséria do agricultor já infectou a terra, tornando-a estéril. As boas colheitas são neutralizadas por períodos de fome. A média dos últimos dez anos mostra que a produção agrícola não só estagnou como está recuando. Enfim, pela primeira vez a Rússia deverá importar cereais em vez de exportá-los. Não há mais tempo a perder. É preciso acabar com isso. É preciso constituir como classe média rural a minoria mais ou menos bem situada dos camponeses e converter sem floreios a maioria em proletários. Para tal efeito, os porta-vozes dos "novos pilares sociais" denunciam os ferimentos infligidos por eles à comuna como sintomas naturais de sua decrepitude.

Abstraindo de todas as misérias que, no presente, oprimem a "comuna rural" russa e levando em consideração tão somente sua forma constitutiva e seu ambiente histórico, é evidente de saída que uma de suas características fundamentais, a propriedade comum do solo, forma a base natural da produção e da apropriação coletivas. Ademais, a familiaridade do camponês russo com o contrato de *artel* lhe facilitaria a transição do trabalho parceleiro para o trabalho coletivo, que ele já pratica em certo grau nas pradarias indivisas, nas secagens e em outros empreendimentos de interesse geral. Mas para que o trabalho coletivo possa suplantar na agricultura propriamente dita o trabalho parceleiro – fonte da apropriação privada –, fazem-se necessárias duas coisas: a necessidade econômica de tal transformação e as condições materiais para efetivá-la.

Quanto à necessidade econômica, ela será percebida pela própria "comuna rural" a partir do momento em que esta for colocada em condições normais, ou seja, a partir do momento em que as cargas que pesam sobre ela forem retiradas e que seu terreno de cultivo tenha atingido uma extensão normal. Foi-se o tempo em que a agricultura russa nada exigia além da terra e de seu agricultor parceleiro munido de instrumentos mais ou menos primitivos. Esses tempos passaram com a mesma rapidez com que a opressão do agricultor infectou e esterilizou o campo. Faz-se necessário agora o trabalho cooperativo, organizado em larga escala. Ademais, o camponês que carece das coisas necessárias para o cultivo de dois ou três *desjatines** estaria melhor se tivesse dez vezes mais *desjatines*?

Mas onde obter os utensílios, os fertilizantes, os métodos agronômicos, enfim, todos os meios indispensáveis ao trabalho coletivo? Eis aí precisamente a grande superioridade da "comuna rural" russa frente às comunas arcaicas do mesmo tipo. Ela foi a única, na Europa, que se manteve em grande escala, em escala nacional.

---

* Antiga medida russa de superfície. Um *desjatine* equivale a 1,92 hectare. (N. E. A.)

Lutas de classes na Rússia

Ela se encontra, assim, situada num ambiente histórico em que a contemporaneidade da produção capitalista lhe disponibiliza todas as condições do trabalho coletivo. Ela é capaz de incorporar as conquistas positivas produzidas pelo sistema capitalista sem passar por suas "forcas caudinas". A configuração física da terra russa convida à exploração agrícola com o auxílio de máquinas, organizada em grande escala, operada pelo trabalho cooperativo. Quanto aos custos iniciais de estabelecimento – custos intelectuais e materiais –, a sociedade russa os deve à "comuna rural", que a sustentou por tanto tempo e junto à qual deve agora buscar o seu "elemento regenerador".

A melhor prova de que esse desenvolvimento da "comuna rural" responde à corrente histórica de nossa época é a crise fatal sofrida pela produção capitalista nos países europeus e norte-americanos, onde ela mais avançou e que terminará com a sua eliminação, com o retorno da sociedade moderna a uma forma superior do tipo mais arcaico – a produção e a apropriação coletivas.

Já que tantos interesses distintos (sobretudo os dos "novos pilares sociais") erigidos sob o império do complacente Alexandre II foram favorecidos no *estado atual* da "comuna rural", por que eles conscientemente conspirariam para provocar a sua própria morte? Por que seus porta-vozes denunciam os ferimentos causados a ela como provas irrefutáveis de sua caducidade natural? Por que eles quereriam matar sua galinha dos ovos de ouro?

Simplesmente porque os fatos econômicos, cuja análise me levaria longe demais, desvendaram o mistério de que o estado atual da comuna não se sustenta mais e que, em pouco tempo, pela simples necessidade das coisas, o modo atual de explorar as massas populares não estará mais na moda. Portanto, algo novo se faz necessário e o novo que se insinua sob as mais diversas formas sempre equivale a isto: abolir a propriedade comum, deixar que se constitua como classe média rural a minoria mais ou menos bem situada dos camponeses e converter sem floreios a grande maioria em proletários.

A correspondência entre Vera Ivanovna Zasulitch e Karl Marx

De um lado, a "comuna rural" está quase reduzida ao seu último resto e, de outro, uma poderosa conspiração se põe de tocaia para desferir-lhe o golpe de misericórdia. Para salvar a comuna russa é preciso que haja uma revolução russa. De resto, os detentores dos poderes políticos e sociais fazem o melhor que podem para preparar as massas para essa catástrofe.

E a situação histórica da "comuna rural" russa é sem igual! Ela é a única na Europa que se mantém não como ruína esparsa, a exemplo das miniaturas raras e curiosas na condição de tipo arcaico que ainda se encontravam há pouco tempo no Ocidente, mas como forma quase predominante da vida popular e espalhada por todo um imenso império. Tendo ela na propriedade comum do solo a base da apropriação coletiva, o seu ambiente histórico, a contemporaneidade da produção capitalista, disponibiliza-lhe já prontas todas as condições materiais do trabalho comum em larga escala. Ela é capaz, portanto, de incorporar as conquistas positivas produzidas pelo sistema capitalista sem passar por suas "forcas caudinas". Ela pode substituir gradualmente a agricultura parceleira pela agricultura extensiva com o auxílio de máquinas, a que convida a configuração física da terra russa. Ela pode, portanto, tornar-se o *ponto de partida direto* do sistema econômico para o qual tende a sociedade moderna e trocar de pele sem ter de cometer suicídio. Pelo contrário, ela deveria começar por colocar-se num estado normal.

Mas defronte dela se ergue a propriedade fundiária, detendo em suas mãos quase a metade (e a melhor parte) do solo, sem mencionar os domínios do Estado. É por esse lado que a conservação da "comuna rural" pela via de sua evolução ulterior se confunde com o movimento geral da sociedade russa, cuja regeneração tem esse preço.

Até mesmo exclusivamente do ponto de vista econômico, a Rússia pode sair desse beco sem saída agrícola mediante a evolução de sua comuna rural; ela tentará em vão sair mediante o arrendamento capitalizado ao modo inglês, repelido por todas as condições sociais do país.

Para poder se desenvolver é preciso, antes de tudo, viver – e ninguém teria como esconder que, nesse momento, a vida da "comuna rural" corre perigo. Pondo de lado a reação de todo e qualquer elemento deletério de ambientes hostis, o aumento gradual de bens móveis nas mãos de famílias particulares, como, por exemplo, seu patrimônio de animais e talvez até de escravos ou servos, esse tipo de acumulação privada basta para, no longo prazo, operar a dissolução da igualdade econômica e social primitiva e fazer nascer no próprio seio da comuna um conflito de interesses que começa com a propriedade comum das terras aráveis e termina tomando conta das florestas, pastagens, terras ociosas etc., depois de tê-las previamente convertido em *anexos comunais* da propriedade privada.

4) A história da decadência das comunidades primitivas ainda está por ser escrita, e seria um erro colocar todas elas no mesmo patamar; assim como nas formações geológicas, há nessas formações históricas toda uma série de tipos primários, secundários, terciários etc. Não forneci aqui mais do que magros esboços. Mas, em todo caso, a pesquisa está bastante avançada e me permite afirmar que: i) a vitalidade das comunidades primitivas era incomparavelmente maior do que a das sociedades semitas, gregas, romanas etc. e, *a fortiori*, do que a das modernas sociedades capitalistas; ii) as causas de sua decadência derivam dos dados econômicos que as impedem de ultrapassar certo grau de desenvolvimento, de ambientes históricos de modo algum análogos ao ambiente histórico da comuna russa de hoje.

Ao ler as histórias das comunidades primitivas escritas pelos burgueses, é preciso precaver-se. Eles não recuam nem mesmo diante dos fatos. *Sir* Henry Maine, por exemplo, que foi um colaborador ardente do governo inglês em sua violenta operação de destruição das comunas indianas, assegura-nos hipocritamente que todos os nobres esforços da parte do governo para manter essas comunas fracassaram contra a força espontânea das leis econômicas!

5) Vós sabeis perfeitamente que hoje a própria existência da comuna russa corre perigo advindo de uma conspiração de interesses poderosos; esmagada pelas exações diretas do Estado, explorada

fraudulentamente pelos intrusos "capitalistas", mercadores etc., e pelos "proprietários" de terras, ela, ainda por cima, enfrenta o mercado minado pelos usurários da cidade, pelos conflitos de interesses provocados em seu próprio seio pela situação em que ela foi colocada.

Para expropriar os agricultores não é necessário escorraçá-los de sua terra, como se fez na Inglaterra e em outras partes; não é necessário abolir a propriedade comum mediante um ucasse. (Pelo contrário: privai os camponeses do produto do seu trabalho agrícola para além de certo ponto e, malgrado os gendarmes às vossas ordens, jamais conseguireis retê-los em suas terras! Durante os últimos tempos do Império Romano, os decuriões provinciais – grandes proprietários de terras – abandonaram suas terras, tornando-se vagabundos e chegaram até a vender-se como escravos. Enfim, fizeram de tudo para se desembaraçar de uma "propriedade" que não passava de um pretexto oficial para oprimi-los.) Ao mesmo tempo que se sangra e tortura a comuna, que se esteriliza e pauperiza a sua terra, os lacaios literários dos "novos pilares da sociedade" designam ironicamente os ferimentos que assim lhe são infligidos como sintomas de sua decrepitude espontânea. Afirma-se que ela está morrendo de morte natural e que se fará um bom trabalho abreviando sua agonia. Aqui não se trata mais de um problema a resolver; trata-se pura e simplesmente de um inimigo a derrotar. Para salvar a comuna russa é preciso que haja uma revolução russa. De resto, o governo e os "novos pilares da sociedade" fazem o melhor que podem para preparar as massas para essa catástrofe. Se a revolução acontecer em tempo oportuno, se ela concentrar todas as suas forças para assegurar o livre crescimento da comuna rural, ela logo se desenvolverá como elemento regenerador da sociedade russa e como elemento de superioridade frente aos países submetidos ao regime capitalista.

Segundo esboço

1) Em *O capital*, mostrei que a metamorfose da *produção feudal* em *produção capitalista* teve como ponto de partida *a expropriação do*

produtor e, mais particularmente, que *"a base de toda essa evolução é a expropriação dos agricultores"*. Continuo: "Ela [a expropriação dos agricultores] só se realizou de um modo radical na Inglaterra [...] *todos os outros países da Europa ocidental* percorrem o mesmo processo".

Portanto, restringi expressamente essa "fatalidade histórica" aos "países da Europa ocidental". Para não deixar a menor dúvida sobre o meu pensamento, eu disse na página 341: "A *propriedade privada*, como antítese da propriedade social, coletiva, só existe onde os meios e as *condições externas do trabalho* pertencem a pessoas *privadas*. Mas, conforme essas pessoas sejam os trabalhadores ou os não trabalhadores, a propriedade privada tem também outro caráter".

Assim o processo que analisei substituiu uma forma da propriedade privada e particionada dos trabalhadores pela propriedade capitalista de uma ínfima minoria (p. 342), ou seja, *levou à substituição de um tipo de propriedade por outro*. Como isso poderia se aplicar à Rússia ou à terra que não é e jamais foi "propriedade privada" do agricultor? Portanto, a única conclusão que eles poderiam tirar com fundamento do curso das coisas no Ocidente é esta: para estabelecer a produção capitalista na Rússia, seria preciso começar por abolir a propriedade comunal e expropriar os camponeses, isto é, a grande massa do povo. É este, ademais, o desejo dos liberais russos, mas será que o seu *desejo* prova mais do que o desejo de Catarina II de implantar em solo russo o regime ocidental dos ofícios da Idade Média?

Ad 1) Assim, a expropriação dos agricultores no Ocidente serve para "transformar a propriedade privada e particionada dos trabalhadores" em propriedade privada e concentrada dos capitalistas. Mas igualmente também se trata da substituição de uma forma de propriedade privada por outra. Na Rússia, tratar-se-á, pelo contrário, da substituição da propriedade capitalista pela propriedade comunista.

2) Do ponto de vista histórico, há apenas um argumento sério a favor da *dissolução fatal* da propriedade comunista russa, a saber: a propriedade comunista existiu em toda parte na Europa ocidental

e desapareceu por completo com o progresso social. Por que só na Rússia ela escaparia à mesma sorte?

Certamente! Se a produção capitalista estabelecer seu reinado na Rússia, a grande maioria dos camponeses, isto é, do povo russo, deverá ser convertida em assalariados e, em consequência, expropriados pela abolição prévia de sua propriedade comunista. Mas, em todos os casos, o precedente ocidental não provaria absolutamente nada!

2) Os "marxistas" russos de que falais me são desconhecidos. Os russos com os quais tenho relações pessoais, ao que eu saiba, têm pontos de vista totalmente opostos.

3) Do ponto de vista histórico, o único argumento sério em favor da *dissolução fatal* da propriedade comunal na Rússia seria este: a propriedade comunal existiu em toda parte na Europa ocidental e desapareceu por completo com o progresso social; portanto, como ela escaparia à mesma sorte na Rússia?

Em primeiro lugar, na Europa ocidental a morte da propriedade comunal e o nascimento da produção capitalista estão separados um do outro por um intervalo imenso, abrangendo toda uma série de revoluções e sucessivas evoluções econômicas, das quais a produção capitalista é apenas a mais recente. De um lado, ela desenvolveu de forma maravilhosa as forças produtivas da sociedade, mas, de outro, trouxe consigo sua própria incompatibilidade com as forças que ela mesma engendra. Sua história dali por diante nada mais é que uma história de antagonismos, crises, conflitos, desastres. Por último, ela revelou a todo o mundo, exceto aos cegos por interesse, seu caráter puramente transitório. Os povos entre os quais ela teve o seu maior avanço na Europa e na América aspiram tão somente romper suas correntes e trocar a produção capitalista pela produção cooperativa e a propriedade capitalista por uma forma superior do tipo arcaico de propriedade, isto é, pela propriedade comunista.

Se a Rússia se encontrasse isolada no mundo e, portanto, tivesse de produzir por conta própria as conquistas econômicas que a Europa ocidental realizou durante uma longa série de evoluções desde a existência

Lutas de classes na Rússia

de suas comunidades primitivas até a atualidade, não haveria, pelo menos a meu ver, nenhuma dúvida que as suas comunidades seriam fatalmente condenadas a perecer com o desenvolvimento progressivo da sociedade russa. Mas a situação da comuna russa é absolutamente diferente da situação das comunidades primitivas do Ocidente. A Rússia é o único país da Europa onde a propriedade comunal se manteve em larga escala, em escala nacional, mas simultaneamente a Rússia existe em um ambiente histórico moderno; ela é contemporânea de uma cultura superior e encontra-se ligada a um mercado mundial, no qual predomina a produção capitalista. Apropriando-se dos resultados positivos desse modo de produção, ela está, portanto, em condições de desenvolver e transformar a forma ainda arcaica de sua comuna rural em vez de destruí-la. (Observo de passagem que a forma da propriedade comunista na Rússia é a mais moderna do tipo arcaico, tendo ela própria passado por toda uma série de evoluções.) Se os adeptos do sistema capitalista na Rússia negarem a possibilidade de tal combinação, que eles provem que, para explorar as máquinas, a Rússia foi obrigada a passar pelo período de incubação da produção mecânica! Que me expliquem como conseguiram introduzir entre si em alguns dias, por assim dizer, o mecanismo de trocas (bancos, sociedades de crédito etc.) cuja elaboração custou séculos ao Ocidente.

4) O que ameaça a vida da comuna russa não é uma fatalidade histórica nem uma fatalidade teórica; é a opressão por parte do Estado e a exploração pelos intrusos capitalistas que se tornaram poderosos, à custa dos camponeses, com a ajuda do próprio Estado.

4) A formação arcaica ou primária do próprio globo terrestre contém uma série de camadas de diversas idades, uma sobreposta à outra; do mesmo modo, a formação arcaica da sociedade nos revela uma série de tipos diferentes, marcando as épocas progressivas. A comuna rural russa pertence ao tipo mais recente dessa corrente. Nele, o agricultor já detém a propriedade privada da casa que ele habita e do quintal que a complementa. E aí está o primeiro elemento que dissolve a forma arcaica, desconhecido dos tipos mais antigos. De outro lado, todos eles se baseiam nas relações

A correspondência entre Vera Ivanovna Zasulitch e Karl Marx

de parentesco natural entre os membros da comuna, ao passo que o tipo ao qual pertence a comuna russa, emancipado desse laço estreito, é por si só capaz de um desenvolvimento mais amplo. O isolamento das comunas rurais, a falta de ligação entre a vida de cada uma delas, esse microcosmo localizado não se encontra em lugar nenhum como característica imanente do último dos tipos primitivos, mas em toda parte onde se encontra ele sempre faz surgir sobre as comunas um despotismo centralizado. Parece-me que na Rússia esse isolamento primitivo, imposto pela vasta extensão do território, pode ser facilmente eliminado, desde que afastem-se os entraves governamentais.

Chego agora ao fundo da questão. Não há como ocultar que o tipo arcaico ao qual pertence a comuna russa abriga um dualismo intrínseco que, dadas certas condições históricas, pode levar à ruína. A propriedade da terra é comum, mas cada camponês cultiva e explora seu campo por conta própria, a exemplo do pequeno camponês ocidental. Essa combinação de propriedade comum e exploração parceleira da terra, útil nas épocas mais recuadas, tornou-se perigosa na nossa. Por um lado, os bens mobiliários, elemento que desempenha um papel cada vez mais importante na própria agricultura, diferenciam progressivamente a fortuna dos membros da comuna e dão lugar a um conflito de interesses, sobretudo sob a pressão fiscal do Estado; por outro, perde-se a superioridade econômica da propriedade comum, como base de trabalho cooperativo e combinado. Mas não se pode esquecer que, na exploração das pradarias indivisas, os camponeses russos já praticam o modo coletivo, cuja familiaridade com o contrato de *artel* lhes facilitaria muito a transição do cultivo parceleiro para o cultivo coletivo, que a configuração física do solo russo convida ao cultivo mecanizado combinado em larga escala e, por fim, que a sociedade russa que há tanto tempo vive à custa da comuna rural lhe deve os primeiros adiantamentos necessários para essa mudança. Bem entendido, trata-se tão somente de uma mudança gradual que começaria por colocar a comuna num estado normal sobre sua base atual.

5) Deixando de lado toda a questão mais ou menos teórica, só o que tenho a vos dizer é que hoje a própria existência da comuna russa é ameaçada por uma conspiração de interesses poderosos. Certo gênero de capitalismo, nutrido às expensas dos camponeses por intermédio do Estado, ergue-se defronte da comuna; seu interesse é esmagá-la. O interesse dos proprietários de terras é constituir os agricultores mais ou menos bem situados como classe média agrícola e transformar os camponeses pobres – isto é, a massa – em simples assalariados. E isso quer dizer trabalho barato! E como resistiria uma comuna moída pelas exações do Estado, pilhada pelo comércio, explorada pelos proprietários de terras, minada em seu interior pela usura?

Terceiro esboço

Cara cidadã,

Para tratar a fundo as questões propostas na vossa carta de 16 de fevereiro, eu precisaria analisar as coisas em detalhes e interromper trabalhos urgentes, mas uma exposição sucinta que tenho a honra de endereçar a vós será suficiente, espero, para dissipar todo mal--entendido em relação à minha assim chamada teoria.

I) Ao analisar a gênese da produção capitalista, eu disse:

Na base do sistema capitalista está, portanto, a separação radical entre o produtor e seus meios de produção [...] o alicerce de toda essa evolução é *a expropriação dos agricultores*. Ela só se realizou de um modo radical na Inglaterra [...]. Mas *todos os outros países da Europa ocidental* percorrem o mesmo processo.

A "fatalidade histórica" desse processo está, portanto, expressamente restrita aos países da Europa ocidental. O porquê dessa restrição é indicado na seguinte passagem do cap. 32: "A *propriedade privada* fundada no trabalho pessoal [...] é suplantada *pela propriedade privada capitalista*, fundada na exploração do trabalho de outrem, sobre o trabalho assalariado".

Nesse movimento ocidental trata-se, portanto, *da transformação de uma forma de propriedade privada em outra forma de propriedade privada*. Entre os camponeses russos será preciso, pelo contrário, *transformar a sua propriedade comum em propriedade privada*. Quer se afirme quer se negue a fatalidade dessa transformação, as razões a favor e as razões contra nada têm a ver com a minha análise da gênese do regime capitalista. Quando muito, pode-se inferir que, em vista do estado atual da grande maioria dos camponeses russos, o ato de sua conversão em pequenos proprietários nada mais será que o prólogo de sua rápida expropriação.

II) O argumento mais sério que se pode fazer valer contra a comuna russa é este:

Remontai às origens das sociedades ocidentais e encontrareis lá em toda parte a propriedade comum do solo; com o progresso social ela desapareceu em toda parte frente à propriedade privada; portanto, não haverá como ela escapar da mesma sorte unicamente na Rússia.

Só levo em conta esse raciocínio na medida em que ele se baseia nas experiências europeias. Quanto às Índias Orientais, por exemplo, todo o mundo – menos *Sir* H[enry] Maine e outras pessoas da mesma laia – sabe que lá a supressão da propriedade comum do solo não passou de um ato de vandalismo inglês, que não impulsionou o povo indiano para frente, mas o empurrou para trás.

As comunidades primitivas não são todas talhadas segundo o mesmo padrão. Seu conjunto forma, pelo contrário, uma série de agrupamentos sociais que diferem quanto ao tipo e à idade e que marcam as sucessivas fases de evolução. Um desses tipos, que se convencionou chamar de *comuna agrícola*, é também o da *comuna russa*. Seu equivalente no Ocidente é a *comuna germânica*, que é de uma época bastante recente. Ela ainda não existia no tempo de Júlio César e já não existia mais quando as tribos germânicas conquistaram a Itália, a Gália, a Espanha etc. Na época de Júlio César já havia uma repartição anual da terra cultivável entre os grupos, entre os *clãs* e as *tribos*, mas ainda não entre as famílias individuais de uma comuna; provavelmente o cultivo se fazia também em grupo, em comum. No próprio solo germânico, essa comunidade do tipo mais arcaico foi transformada por um desenvolvimento natural em *comuna agrícola*, tal como a descreveu Tácito. Depois disso, nós a perdemos de vista. Ela pereceu obscuramente no ambiente das guerras e migrações incessantes; talvez tenha sofrido uma morte violenta. Mas sua vitalidade natural é comprovada por dois fatos incontestáveis. Alguns exemplares esparsos desse modelo sobreviveram a todas as vicissitudes da Idade Média e se conservaram até nossos dias, como, por exemplo, no distrito de Trier. Mas o mais importante é que encontramos a marca dessa "comuna agrícola" traçada com tanta nitidez na nova comuna daí resultante, que Maurer, decifrando esta última, pôde reconstruir a primeira. A nova comuna, na qual a terra cultivável pertence aos agricultores como *propriedade privada*, ao mesmo tempo que florestas, pastagens, terras ociosas etc. continuam sendo *propriedade comum*, foi introduzida pelos germanos em todos os países conquistados. Graças às características tomadas de seu protótipo, ela tornou-se durante toda a Idade Média o único foco de liberdade e de vida populares.

A "comuna rural" pode ser encontrada da mesma forma na Ásia, entre os afegãos etc., mas ela se apresenta em toda parte como *o tipo mais recente* e, por assim dizer, como a última palavra em termos de *formação arcaica* das sociedades. Foi para ressaltar esse fato que entrei em alguns detalhes referentes à comuna germânica.

Isso nos leva a considerar agora os traços mais característicos que distinguem a "comuna agrícola" das comunidades mais arcaicas.

1) Todas as outras comunidades se baseiam nas relações de consanguinidade entre seus membros. Não se entra nela a menos que se seja parente natural ou adotado. Sua estrutura é a de uma árvore genealógica. A "comuna agrícola" foi o primeiro agrupamento social de homens livres, não estreitado por laços de sangue.

2) Na comuna agrícola, a casa e seu complemento, o pátio, pertencem em particular ao agricultor. A *casa comum* e a *habitação coletiva* constituíam, pelo contrário, uma base econômica das comunidades mais primitivas, e isso já muito tempo antes da introdução da vida

pastoril ou agrícola. Certamente existem comunas agrícolas nas quais as casas, mesmo que não se tratem mais de lugares de habitação coletiva, mudam periodicamente de possuidores. Desse modo, o usufruto individual é combinado com a propriedade comum. Mas essas comunas ostentam a sua marca de nascença: encontram-se no estado de transição de uma comunidade mais arcaica para a comuna agrícola propriamente dita.

3) A terra cultivável, propriedade inalienável e comum, é periodicamente dividida entre os membros da comuna agrícola, de sorte que cada qual explora por conta própria os campos destinados a ele, apropriando-se dos frutos. Nas comunidades mais primitivas, o trabalho era realizado em conjunto, e o produto era comum, com exceção da cota reservada para a reprodução, repartida na proporção das necessidades de consumo.

É compreensível que o *dualismo* inerente à constituição da comuna agrícola pudesse dotá-la de uma vida vigorosa. Emancipada desses laços fortes, mas restritos, do parentesco natural, a propriedade comum do solo e as relações sociais dela decorrentes garantiram-lhe uma base sólida, ao mesmo tempo que a casa e seu pátio, como domínio exclusivo da família individual, o cultivo parceleiro e a apropriação privada de seus frutos impulsionaram à individualidade, algo incompatível com o organismo das comunidades mais primitivas.

Porém, não é menos evidente que, com o tempo, esse mesmo dualismo pudesse se converter em germe de decomposição. Abstraindo de todas as más influências vindas de fora, a comuna carrega dentro de si seus elementos deletérios. A propriedade fundiária privada já se imiscuiu na forma da casa com seu quintal rural, que pode se transformar na fortaleza de onde se prepara o ataque contra a terra comum. É o que se viu. Mas o essencial é o trabalho parceleiro como fonte da apropriação privada. Ele dá lugar à acumulação de bens móveis, como, por exemplo, de animais, de dinheiro e às vezes até de escravos ou de servos. Essa propriedade móvel, que não pode ser controlada pela comuna, sujeita a trocas individuais (nas quais a falcatrua e o revés têm vida fácil), terá cada vez mais peso em toda a economia rural. Aí está o solvente da igualdade econômica e social primitiva. Ele introduziu elementos heterogêneos, provocando no seio da comuna conflitos de interesses e de paixões, convenientes para apossar-se primeiro da propriedade comum das terras cultiváveis, em seguida da propriedade comum das florestas, pastagens, terras ociosas etc., que, uma vez convertidas em *anexos comunais* da propriedade privada, cairão em seu poder no longo prazo.

Como última fase da formação primitiva da sociedade, a comuna agrícola é, ao mesmo tempo, fase de transição para a formação secundária e, portanto, transição da sociedade fundada sobre a propriedade comum para a sociedade fundada sobre a propriedade privada. A formação secundária, entenda-se bem, abrange a série das sociedades baseadas na escravidão e na servidão.

Mas isso significa que o itinerário histórico da comuna agrícola deve fatalmente levar a esse resultado? De modo algum. Seu dualismo inato admite uma alternativa: ou seu elemento de propriedade prevalece sobre seu elemento coletivo ou seu elemento coletivo prevalece sobre o de propriedade. Tudo depende do ambiente histórico em que estiver situado.

Vamos abstrair por um momento as misérias que afligem a comuna russa e enfoquemos suas possibilidades de evolução. A comuna está numa situação única, sem precedente na história. Na Europa, somente ela ainda possui uma forma orgânica, predominante na vida rural de um império imenso. A propriedade comum do solo lhe oferece a base natural da apropriação coletiva, ao passo que seu ambiente histórico, a contemporaneidade com a produção capitalista, oferece-lhe já prontas todas as condições materiais do trabalho cooperativo, organizado em larga escala. Ela pode, portanto, incorporar as conquistas positivas realizadas pelo sistema capitalista sem passar por suas "forcas caudinas", substituindo gradualmente a agricultura parceleira pela agricultura combinada com o auxílio de máquinas, a que convida a configuração física do solo russo. Depois de ter sido posta previamente num estado normal em sua forma presente, ela poderá tornar-se o *ponto de partida direto* do sistema econômico para o qual tende a sociedade moderna e trocar de pele sem precisar antes cometer suicídio.

Os próprios ingleses fizeram tais tentativas nas Índias Orientais – mas a única coisa que conseguiram foi estragar a agricultura local e duplicar tanto a quantidade quanto a intensidade da fome.

Mas e a maldição que atinge a comuna? (Isto é, seu isolamento, a falta de ligação entre a vida de uma comuna e a das demais, esse *microcosmo localizado* que até agora lhe interditou toda e qualquer iniciativa histórica.) Ela desapareceria em meio a uma comoção geral da sociedade russa.

A familiaridade do camponês russo com o *artel* lhe facilitará especialmente a transição do trabalho parceleiro para o trabalho cooperativo, que ele, ademais, já emprega em certa medida na produção do feno e em empreendimentos comunais, como as secagens etc. Uma peculiaridade totalmente arcaica, a ovelha negra dos agrônomos modernos, ainda conspira nesse sentido. Aportai a um país qualquer, no qual a terra cultivável denuncia as marcas de um desmembramento estrangeiro que lhe imprime a forma de um tabuleiro de xadrez composto por pequenos campos, e sem dúvida nenhuma se terá aí os domínios de uma comuna agrícola morta! Seus membros, mesmo sem ter primeiro estudado a teoria da renda fundiária, perceberão que uma mesma quantidade de trabalho, uma vez despendida em campos diferentes em termos de fertilidade natural e de situação, dará resultados diferentes. Para igualar as chances do trabalho, eles primeiro dividirão a terra num certo número de regiões, determinadas pelas divergências naturais e econômicas do solo e depois desmembrarão mais uma vez todas essas regiões na mesma quantidade de parcelas e de trabalhadores – e então cada qual receberá uma parcela em cada região. Esse arranjo, perpetuado pela comuna russa até os dias de hoje, inegavelmente é refratária às exigências agronômicas. Além de outros inconvenientes, implica em desperdício de energia e de tempo. No entanto, favorece a transição para o cultivo coletivo, ao qual ele à primeira vista parece tão refratário. A parcela*

Quarto esboço, 8 mar. 1881

8 de março de 1881

Cara cidadã,

Uma doença nervosa que tem me acometido periodicamente nos últimos dez anos impossibilitou-me de responder mais cedo à vossa carta de 16 de fevereiro. Lamento não poder oferecer-vos uma explanação sucinta, destinada ao público, da indagação da qual me concedestes a honra de ser o destinatário. Há meses prometi um escrito sobre o mesmo assunto ao Comitê de São Petersburgo. Espero, no entanto, que algumas linhas sejam suficientes para livrar-vos de qualquer dúvida sobre o mal-entendido acerca da minha assim chamada teoria.

1) A análise apresentada em *O capital* não oferece, portanto, nada que se possa alegar nem a favor nem contra a vitalidade da comuna russa.

Os estudos especiais que fiz, para os quais pesquisei em fontes originais, convenceram-me que essa comuna é a alavanca natural da regeneração social da Rússia. Mas para que ela possa funcionar como tal seria necessário, primeiramente, eliminar as influências deletérias que a assaltam de todos os lados e, então, assegurar-lhe as condições de um desenvolvimento espontâneo.

---

* O texto se interrompe neste ponto. (N. E.)

Carta a Vera Ivanovna Zasulitch, 8 mar. 1881*

8 de março de 1881

41, Maitland Park Road,
Londres NW

Cara cidadã,

Uma doença nervosa que me acomete periodicamente há dez anos impossibilitou-me de responder mais cedo à vossa carta de 16 de fevereiro. Lamento não poder oferecer-vos uma explanação sucinta, destinada ao público, da indagação da qual me concedeis a honra de ser o destinatário. Há meses prometi um escrito sobre o mesmo assunto ao Comitê de São Petersburgo. Espero, no entanto, que algumas linhas sejam suficientes para livrar-vos de qualquer dúvida sobre o mal-entendido acerca de minha assim chamada teoria.

Ao analisar a gênese da produção capitalista, afirmo:

> Na base do sistema capitalista reside, portanto, a separação radical entre o produtor e seus meios de produção [...] a base de toda essa evolução é a expropriação dos agricultores [*cultivateurs*]. Ela só se realizou de um modo radical na Inglaterra [...]. Mas todos os outros países da Europa ocidental percorrem o mesmo processo [*mouvement*].

Portanto, a "fatalidade histórica" desse processo está expressamente restrita aos países da Europa ocidental. A razão dessa restrição é indicada na seguinte passagem do capítulo 32: "A propriedade privada fundada no trabalho pessoal [...] é suplantada pela propriedade privada capitalista, fundada na exploração do trabalho de outrem, sobre o trabalho assalariado".

Nesse processo ocidental, o que ocorre é a transformação de uma forma de propriedade privada para outra forma de propriedade

---

* Esta tradução foi originalmente publicada no Apêndice de Karl Marx, *O capital* (trad. Rubens Enderle, São Paulo, Boitempo, 2013), Livro I, p. 849-50. (N. E.)

privada. Já no caso dos camponeses russos, ao contrário, seria preciso transformar sua propriedade comunal [*propriété commune*] em propriedade privada.

Desse modo, a análise apresentada n'*O capital* não oferece razões nem a favor nem contra a vitalidade da comuna rural, mas o estudo especial que fiz dessa questão, para o qual busquei os materiais em suas fontes originais, convenceu-me de que essa comuna é a alavanca [*point d'appui*] da regeneração social da Rússia; mas, para que ela possa funcionar como tal, seria necessário, primeiramente, eliminar as influências deletérias que a assaltam de todos os lados e então assegurar-lhe as condições normais de um desenvolvimento espontâneo.

Tenho a honra, cara cidadã, de ser vosso fiel devoto.

Karl Marx

"O atentado contra o czar Alexandre II, em 13 de março de 1881, em São Petersburgo", autoria desconhecida, Rússia, *circa* 1881.

PREFÁCIO À EDIÇÃO RUSSA DO *MANIFESTO COMUNISTA*, 1882*

Karl Marx e Friedrich Engels

[Surgimento e publicação (MEGA-2): O "Prefácio" é um de muitos atestados da ajuda que Marx e Engels prestaram aos *narodniki* revolucionários em seu esforço para apropriar-se do comunismo científico. O trabalho traz a data de 21 de janeiro de 1882. Ele foi escrito nesse mesmo dia ou pouco antes dele. Em dezembro de 1880, Nicolai Alexandrovitch Morosov esteve em Londres, onde Lev Nicolaievitch Hartmann intermediou um encontro pessoal dele com Marx. Como ele mesmo relatou, Marx lhe entregou alguns trabalhos que eram apropriados à publicação no empreendimento estrangeiro comum aos integrantes do Vontade do Povo e do Partilha Negra, na série *Русская соціально революціонная библіотека* [Biblioteca social-revolucionária russa]**. Informou, ademais, que Marx se mostrara disposto a escrever prefácios a cada uma das publicações no momento em que dispusesse das provas de revisão das traduções para o russo. Morosov levou os livros recebidos de Marx para seus amigos na Suíça. Por essa via, o *Manifesto Comunista* foi parar nas mãos de Georgi Valentinovitch

---

* Esta versão foi originalmente publicada em Karl Marx e Friedrich Engels, *Manifesto Comunista* (trad. Álvaro Pina, São Paulo, Boitempo, 1998), p. 72-3. (N. E.)

** Nicolai Alexandrovitch Morosov, "Карл Маркс и Народной Воли в начале 80-х годов" [Karl Marx e A Vontade do Povo no começo dos anos 1880], em *Каторга и ссылка* [Trabalhos forçados e exílio], n. 3, 1933; idem, "У Карла Маркса" [Em Karl Marx], em *Исвестия* [Notícias], n. 260, 7 nov. 1935; os dados foram extraídos de "Русские современники о К. Марксе и Ф. Знгельсе" [Russos contemporâneos de K. Marx e F. Engels], publicado pelo Instituto de Marxismo-Leninismo (Moscou, 1969), p. 78-84 e 84-6.

Prefácio à edição russa do Manifesto Comunista, *1882*

Plekhanov, que, entusiasmado, decidiu traduzi-lo*. Em outro momento, ele admitiu que sua passagem para o marxismo se deu em conexão com a tradução do *Manifesto***. Também de Plekhanov partiu a iniciativa de pedir a Marx e a Engels que escrevessem um prefácio para a segunda edição russa do *Manifesto*. Para tanto, solicitou a Piotr Lavrovitch Lavrov, amigo pessoal dos dois, que intermediasse essa proposta***. Lavrov se desincumbiu da tarefa. Em carta de janeiro de 1882 a Marx, ele solicitou dos autores do *Manifesto* um prefácio para a segunda edição russa, que seria publicada na *Русская социально революціонная библіотека*. Lavrov escreveu que o leitor estava muito interessado em saber como eles interpretariam o *Manifesto* no ano de 1882, e, além disso, um prefácio de autoria deles seria muito apropriado para conferir à tradução russa um peso especial aos olhos do público.

O desejado prefácio, de autoria de Marx e Engels, foi enviado a Lavrov em Paris no dia 23 de janeiro de 1882 juntamente com uma carta de Marx. Sobre as breves linhas para a edição russa do *Manifesto Comunista*, Marx escreveu o seguinte: "[...] visto que se destinam a ser traduzidas para a língua russa, elas não foram tão estilizadas como teria sido necessário para a publicação *in the German vernacular* [no vernáculo alemão]". Certamente foi de grande ajuda na tradução o fato de Engels ter copiado o "Prefácio" em caracteres latinos do "*brouillon* [rascunho]" de Marx****.

A primeira publicação do "Prefácio" traduzido para a língua russa ocorreu no jornal russo ilegal *Народная Воля*

---

* Georgi Valentinovitch Plekhanov, "Первые шаги социалдемократического движения в Русскии" [Primeiros passos do movimento social-democrata na Rússia], em *Сочинения* [Obras] (Moscou, 1927), t. XXIV, p. 174-82.

** *Литературное наследие Г. В. Плеханова* [A herança literária de G. V. Plekhanov] (Moscou, 1940), t. III, p. 22.

*** Carta de Georgi Valentinovitch Plekhanov a Piotr Lavrovitch Lavrov, início/meados jan. 1882; os dados foram tirados de "Русские современники", p. 197-8.

****Carta de Friedrich Engels a Eduard Bernstein, 17 abr. 1882.

[A Vontade do Povo], n. 8-9, de 5 de fevereiro de 1882. Esse órgão da organização homônima era impresso em gráficas ilegais de diversas cidades da Rússia (São Petersburgo, Moscou, Odessa, Novocherkassk, Taganrog, Derpt, Tula). Marx e Engels não tiveram como influir na tradução russa da primeira separata. Contudo, as provas de revisão do "Prefácio" traduzido que foi publicado na segunda edição russa do *Manifesto* (Genebra, 1882) foram submetidas à apreciação de Engels*. Acompanhadas de uma carta, Engels devolveu-as em 10 de abril de 1882 a Lavrov, que por sua vez continuava a intermediar as relações entre os emigrantes russos na Suíça e Marx e Engels em Londres. Engels considerou de alta qualidade a tradução do prefácio. Na carta mencionada, ele observou que, a seu ver, a concepção dele e de Marx haviam sido muito bem reproduzidas. A primeira publicação do "Prefácio" no *Народная Воля* coincide quanto ao conteúdo com a tradução de Plekhanov para a segunda edição russa do *Manifesto*. Divergências menores resultam de uma sequência diferente de vocábulos, do uso de palavras sinônimas e diferente colocação de parágrafos.

Uma segunda impressão em separado do "Prefácio" foi feita em língua alemã no jornal *Der Sozialdemokrat* [O social-democrata], n. 16, de 13 de abril de 1882, de Zurique. Em sua carta a Engels, de 27 de fevereiro de 1882, Bernstein escreve que lhe haviam informado de Genebra que Marx teria "escrito um prefácio para uma edição russa do *Manifesto Comunista*". Ao mesmo tempo, indaga se haveria alguma objeção contra publicá-la no *Der Sozialdemokrat*. Em princípio, Engels nada tinha a objetar. Por isso, ao ficar sabendo, por carta de Lavrov, de 6 de abril de 1882, que o "Prefácio" já havia sido publicado no *Народная Воля*, ele pediu a Lavrov, em carta de 10 de abril de 1882, que lhe entregasse o manuscrito em alemão do documento, visando enviá-lo ao *Der Sozialdemokrat* para im-

---

* Carta de Piotr Lavrovitch Lavrov a Friedrich Engels, 6 abr. 1882.

Prefácio à edição russa do Manifesto Comunista, *1882*

pressão. Mas, no dia seguinte, Lavrov respondeu dizendo que o original provavelmente estava em sua escrivaninha em Paris e que seria muito difícil obtê-lo – expulso de Paris, ele então encontrava-se em Londres. No entanto, externou a suposição de que deveria haver outra cópia em língua alemã, que havia sido feita por não lhes ter parecido recomendável enviar o original para a Suíça. Lavrov prometeu pedir a seus amigos em Paris que providenciassem essa cópia e a enviassem a Londres. No dia 17 de abril, finalmente, a cópia foi postada para Engels*. Naquele mesmo dia, Engels escreveu uma carta a Bernstein, cuja solicitação de 27 de fevereiro de 1882 ainda não tinha sido respondida. Entrementes, Bernstein, sem ter a promessa definitiva de Engels, já havia impresso o "Prefácio" no *Der Sozialdemokrat*, n. 16, de 13 de abril de 1882, como retradução da publicação no *Народная Воля***. O tradutor do "Prefácio" para a língua alemã foi provavelmente Pavel Borisovitch Axelrod, amigo de Bernstein. Bernstein se viu na obrigação de fazer essa publicação especialmente depois que a edição vespertina do jornal oficioso *Norddeutsche Allgemeine Zeitung*, Berlim, n. 134, de 20 de março de 1882, "havia trazido sem o seu contexto a frase final" do "Prefácio"***.

Na carta de 17 de abril de 1882, Engels explicou em detalhes seu esforço para conseguir o teor original do "Prefácio". Entre outras coisas, mencionou que havia procurado "em vão pelo *brouillon*" na casa de Marx. Engels também havia ponderado uma retradução do "Prefácio" russo, cujas provas de revisão estiveram em seu poder, porque ele temia "que acontecesse o que de fato aconteceu, isto é, que um russo a providenciasse". Autocriticamente, observou que isso se devia à sua própria negligência por não ter escrito um cartão postal a Bernstein. Em

---

* Carta de Piotr Lavrovitch Lavrov a Friedrich Engels, 17 abr. 1882.

** Ver a observação de Bernstein sobre a carta de Engels, de 17 de abril de 1882, em Eduard Bernstein, *Die Briefe von Friedrich Engels an Eduard Bernstein* (Berlim, 1925), p. 67.

*** Carta de Eduard Bernstein a Friedrich Engels, 27 abr. 1882.

sinal de boa vontade, Engels enviou posteriormente a Bernstein em Zurique, junto a sua carta, a cópia recebida de Lavrov. Na sequência da carta de Engels de 21 de abril de 1882, Bernstein o respondeu, em 27 de abril de 1882. Fazendo referência a isso, Bernstein fez a seguinte observação: "Felizmente a retradução em *Der Sozialdemokrat* não contém propriamente erros, mas é claro que teria sido bem melhor se ele tivesse à disposição o original gentilmente enviado pelo sr., com a sua linguagem precisa e certeira". No início de junho de 1882, Lavrov enviou a Engels, em Londres, dois exemplares da segunda edição russa do *Manifesto*, publicada em Genebra como terceiro volume da série *Русская соціально революціонная библіотека**. Engels agradeceu a Lavrov, em sua carta de 31 de julho de 1882. Também elogiou muito a qualidade das traduções feitas em Genebra, tanto do *Manifesto* como de trabalhos posteriores**. No "Prefácio", Marx e Engels trataram de aspectos importantes do curso da história mundial desde 1847. O ponto central de sua abordagem foi o curso do desenvolvimento da Rússia e dos Estados Unidos, que haviam chegado a um papel da maior importância em termos de história mundial e cuja história confirmou os enunciados fundamentais do *Manifesto* sobre as condições do movimento proletário. Na parte conclusiva do "Prefácio", Marx e Engels intervieram concretamente na controvérsia ideológico-política dos revolucionários russos. Seu ponto de vista comum, concordante em todos os pontos, formado durante anos de intenso estudo a respeito do desenvolvimento ideológico-político e socioeconômico da Rússia, ficou concentrado em seu posicionamento em relação à controvertida questão de se a *obchtchina* russa poderia passar diretamente para a forma superior da propriedade coletiva

---

* Carta de Piotr Lavrovitch Lavrov a Friedrich Engels, 1º jun. 1882.
** Ver, entre outras, as cartas de Friedrich Engels a Friedrich Adolph Sorge, 29 jun. 1883, e a Piotr Lavrovitch Lavrov, 28 jan. 1884.

Prefácio à edição russa do Manifesto Comunista, *1882*

comunista. No "Prefácio", Marx e Engels generalizaram conhecimentos de trabalhos e experiências da luta de classes*. A segunda edição russa do *Manifesto Comunista* foi o indício de uma nova tendência no movimento revolucionário na Rússia, que se tornara efetiva a partir de 1881. O assassinato do czar Alexandre II, no dia 1º de março de 1881, não realizou as esperanças que os *narodniki* depositavam numa revolução no país. Em vez disso, eles tiveram de presenciar, sob Alexandre III, a ofensiva do regime czarista, que desbaratou a organização Народная Воля. Em consequência da derrota, o movimento dos populistas entrou em crise. Revolucionários persistentes se puseram a analisar criticamente o movimento dos populistas e tirar lições de seus fracassos. Principalmente um pequeno grupo de populistas revolucionários, adeptos de uma organização chamada Partilha Negra, que foi obrigada a emigrar, começou a estudar seriamente o comunismo científico e a familiarizar-se com as experiências do movimento trabalhista europeu ocidental. Em 25 de setembro de 1883, esse grupo veio a público com uma declaração programática, na qual sua ruptura definitiva com o movimento populista foi documentada, indicando que deveria ser criado um partido específico do movimento trabalhador russo. Como suas tarefas principais, foram declaradas a disseminação do marxismo, a crítica à tendência populista e a investigação e aclaração das principais indagações da vida social russa. Surgiu, assim, a primeira organização marxista russa, o grupo Emancipação do Trabalho. Seu fundador foi Plekhanov. Entre outros membros, estavam Pavel Borisovitch Axelrod, Lev Grigorievitch Deutsch, W. N. Ignatov e Vera Ivanovna Zasulitch.

A segunda edição russa do *Manifesto*, para a qual Marx e Engels redigiram o presente prefácio, teve grande relevância na

---

* Ver Friedrich Engels, "Flüchtlingsliteratur V"; carta de Karl Marx à redação da *Otechestvenye Zapiski*, 1877; e os esboços de Karl Marx para uma resposta a Vera Ivanovna Zasulitch, bem como a carta a ela. [Os textos citados encontram-se neste volume, respectivamente, nas p. 33-56, 64-9 e 88-115 – N. E.]

formação das concepções marxistas dos membros do grupo Emancipação do Trabalho. Com essa edição, o grupo deu início à publicação de uma série de obras de Marx e Engels em língua russa. A importância especial atribuída por Engels ao "Prefácio" se evidenciou, entre outros, no fato de assumi-la em seu prefácio à quarta edição alemã autorizada do *Manifesto* (Londres, 1890). Trata-se de uma retradução do russo. Engels foi obrigado a isso porque, como ele mesmo escreveu, "perdi o manuscrito original alemão"*. A retradução diverge apenas de modo insignificante do original do "Prefácio". Todas as demais edições alemãs publicadas até 1895 (seis, ao todo) continham a retradução feita por Engels. Uma retradução da parte final do "Prefácio" também acabou sendo assumida por Engels em seu "Posfácio a 'Questões sociais da Rússia'", de 1894**. A disseminação do "Prefácio" ocorreu essencialmente mediante as reedições do *Manifesto*. Entre as exceções, figurou a *Arbeiter-Wochen-Chronik* [Crônica Semanal dos Trabalhadores], n. 51, de 17 de dezembro de 1882, de Budapeste, que, no quadro do artigo "Marx e Engels sobre a comuna russa", reproduziu partes do "Prefácio" em retradução para o alemão. Só na língua russa vieram a público até 1895 onze novas edições, mais duas em polonês e duas em romeno, além de uma de cada em holandês, italiano, tcheco e búlgaro, todas contendo o "Prefácio".
No fim da década de 1930, foi reencontrado o original alemão do "Prefácio". Ele está guardado no arquivo do IML em Moscou. Sua primeira publicação se deu na edição alemã do *Manifesto Comunista*, providenciada pela Editora para Literatura Estrangeira, em Moscou, em 1939. O teor do original tomou o lugar da retradução feita por Engels para o prefácio da quarta edição alemã autorizada do *Manifesto* de 1890.]

---

* Friedrich Engels, "Prefácio à edição alemã de 1890", em Karl Marx e Friedrich Engels, *Manifesto Comunista*, cit., p. 78. (N. E.)
** Neste volume, p. 127-42. (N. E.)

Prefácio à edição russa do Manifesto Comunista, *1882*

***

A primeira edição russa do *Manifesto Comunista*, traduzida por Bakunin, foi impressa em princípios da década de 1860, na tipografia do *Kolokol**. Naquela época, o Ocidente via nessa edição uma simples curiosidade literária. Hoje em dia, tal concepção seria impossível.

O limitado campo do movimento proletário daquele tempo (dezembro de 1847)** está expresso na última parte do *Manifesto*: a posição dos comunistas em relação aos vários partidos de oposição nos diferentes países***. A Rússia e os Estados Unidos, precisamente, não foram mencionados. Naquela época, a Rússia se constituía na última grande reserva da reação europeia, enquanto os Estados Unidos absorviam o excedente das forças proletárias da Europa que para lá emigravam. Ambos os países proviam a Europa de matérias-primas, assim como eram mercado para a venda de seus produtos industriais. De uma maneira ou de outra, eram, portanto, pilares da ordem europeia vigente.

Que diferença hoje! Foi justamente a imigração europeia que possibilitou à América do Norte a produção agrícola em proporções gigantescas, cuja concorrência está abalando os alicerces da propriedade rural da Europa – tanto a grande quanto a pequena. Simultaneamente, deu aos Estados Unidos a oportunidade de explorar seus imensos recursos industriais com tal energia e em tais proporções que, dentro de pouco tempo, o monopólio industrial da Europa ocidental estará arruinado, em especial o da Inglaterra. Essas duas circunstâncias repercutem de maneira revolucionária na própria

---

* A edição foi publicada em 1869, em Genebra. Provavelmente o tradutor foi Mikhail Alexandrovitch Bakunin. A Вольная Русская Типография [Imprensa Livre Russa] foi fundada por Alexander Ivanovitch Herzen em Londres, para possibilitar a impressão de literatura proibida na Rússia. Em 1865, Herzen transferiu a gráfica para Genebra. A revista democrático-revolucionária Колоколъ [O Sino] foi editada por Herzen e Nicolai Platonovitch Ogariov de 1857 a 1867, até 1865 em Londres, depois em Genebra. (N. E. A.)

** De 29 de novembro a 8 de dezembro de 1847 teve lugar em Londres o II Congresso da Liga dos Comunistas. Os participantes do Congresso encarregaram Marx e Engels de elaborar o programa da Liga na forma do *Manifesto do Partido Comunista*. (N. E. A.)

*** Karl Marx e Friedrich Engels, *Manifest der Kommunistischen Partei* (Londres, 1848), p. 22-3. (N. E. A.) [Ed. bras.: *Manifesto Comunista*, cit., p. 68-9 – N. T.]

América do Norte. Pouco a pouco, a pequena e a média propriedade rural, a base do regime político em sua totalidade, sucumbem diante da competição das fazendas gigantescas; no paralelo, formam-se, pela primeira vez nas regiões industriais, um numeroso proletariado e uma concentração fabulosa de capitais.

E a Rússia? Durante a revolução de 1848-1849, a burguesia e os monarcas europeus viam na intervenção russa a única maneira de escapar do proletariado que despertava. O czar* foi proclamado chefe da reação europeia. Hoje ele é, em Gatchina, prisioneiro de guerra da revolução**, ao passo que a Rússia forma a vanguarda da ação revolucionária na Europa.

O *Manifesto Comunista* tinha como tarefa a proclamação do desaparecimento próximo e inevitável da moderna propriedade burguesa. Mas na Rússia vemos que, ao lado do florescimento acelerado da velhacaria capitalista e da propriedade burguesa que começa a desenvolver-se, mais da metade das terras é posse coletiva dos camponeses. O problema agora é: poderia a *obchtchina* russa – forma já muito deteriorada da antiga posse em comum da terra – transformar-se diretamente na propriedade comunista? Ou, ao contrário, deveria antes passar pelo mesmo processo de dissolução que constitui a evolução histórica do Ocidente?

Hoje em dia, a única resposta possível é a seguinte: se a revolução russa constituir-se no sinal para a revolução proletária no Ocidente, de modo que uma complemente a outra, a atual propriedade comum da terra na Rússia poderá servir de ponto de partida para uma evolução comunista.

Karl Marx e Friedrich Engels
Londres, 21 de janeiro de 1882

---

*   Nicolau I. (N. E. A.)
** O "prisioneiro de Gatchina" foi o czar Alexandre III, sucessor de Alexandre II, morto em 1º de março de 1881 num atentado dos *narodvolcy*. Alexandre III recebeu esse apelido irônico porque, por medo de possíveis atentados, permanecia quase exclusivamente na segurança do palácio de Gatchina, nas cercanias de São Petersburgo. (N. E. A.)

Nicolai Gavrilovich Tchernichevski.

POSFÁCIO [A "QUESTÕES SOCIAIS DA RÚSSIA"], 1894*

Friedrich Engels

Em primeiro lugar, devo fazer uma correção: para ser exato, o senhor P. Tkatchov não foi um bakuninista – isto é, um anarquista –, e sim alegava ser um "blanquista". Meu equívoco foi natural, visto que dito senhor, de acordo com o costume russo dos refugiados, solidarizou-se com toda a emigração russa frente ao Ocidente e, de fato, em seus escritos defendeu Bakunin e seus camaradas contra os meus ataques como se estes tivessem sido desferidos contra ele próprio.

As concepções sobre a comuna camponesa comunista russa que ele defendeu contra mim eram essencialmente as de Herzen. Esse beletrista pan-eslavista metido a revolucionário ficou sabendo a partir dos *Estudos sobre a Rússia*, de Haxthausen**, que os agricultores em regime de servidão não tinham posse de nenhuma propriedade privada, mas de tempos em tempos voltavam a repartir entre si a terra arável e as pastagens. Como beletrista ele não precisou aprender o que, pouco depois, se tornou de conhecimento geral, a saber, que a propriedade comum do solo é uma forma de posse que predominou em tempos primitivos entre os alemães, celtas, indianos – em suma, entre todos os povos indo-germânicos –; que ela ainda existe na Índia; que só recentemente foi reprimida de forma violenta na Irlanda e na Escócia; que inclusive ainda ocorre aqui e ali na Alemanha, embora precisamente encontre-se em extinção; e que, num certo estágio do

---
* Texto original conforme *Internationales aus dem Volksstaat* (1871-1875) (Berlim, 1894). Ver Karl Marx e Friedrich Engels, *Werke* (3. ed., Berlim, Dietz, 1972), v. XXII, impressão inalterada da 1. ed. de 1963 (Berlim/RDA), p. 421-35. (N. E. A.)

** August von Haxthausen, *Studien über die innern Zustände, das Volksleben und insbesondere die ländlichen Einrichtungen Russlands* (Hanover, Hahn, 1847-1852).

Posfácio [a "Questões sociais da Rússia"], 1894

desenvolvimento, é comum a todos os povos. Porém, como pan-eslavista que, quando muito, era socialista da boca para fora, ele encontrou aí um novo pretexto para fazer aparecer numa luz ainda mais brilhante, diante do Ocidente corrompido e decrépito, a sua "sagrada" Rússia e sua missão de rejuvenescer e regenerar esse mesmo Ocidente apodrecido, se preciso for, pela força das armas. O que franceses e ingleses, tão desgastados, não conseguiram a despeito de todos os seus esforços, os russos já têm pronto em casa.

> Preservar a comunidade camponesa e instituir a liberdade da pessoa, estender a autogestão do povoado para as cidades e para todo o Estado, preservando a unidade nacional: nisto está sintetizada toda a questão do futuro da Rússia, isto é, a questão da mesma antinomia social, cuja solução ocupa e move os espíritos do Ocidente.[1]

Ou seja, pode até haver uma questão política para a Rússia; a "questão social" já foi resolvida para ela.

O mesmo caminho fácil de Herzen foi trilhado por seu sucessor Tkatchov. Mesmo que, no ano de 1875, ele já não pudesse mais afirmar que a "questão social" estava resolvida na Rússia, os camponeses russos, enquanto comunistas natos, estariam, segundo ele, infinitamente mais próximos do socialismo e, inclusive, se encontrariam em situação infinitamente melhor do que os pobres proletários abandonados por Deus da Europa ocidental. Enquanto os republicanos franceses, em virtude de sua centenária atividade revolucionária, consideram seu povo como o povo eleito em termos políticos, houve, naquele tempo, socialistas russos que declararam a Rússia como o povo eleito em termos sociais; o renascimento do velho mundo econômico não adviria das lutas do proletariado europeu ocidental, mas de dentro do mais íntimo recôndito do camponês russo. Minha invectiva se voltou contra essa concepção pueril.

Agora, porém, a comuna russa também granjeou a consideração e o reconhecimento de pessoas infinitamente superiores a Herzen e Tkatchov, entre as quais está Nicolai Tchernichevski, o grande pen-

---

[1] Alexander Herzen, *Briefe an Linton* [Cartas a Linton].

sador com quem a Rússia tem uma dívida impagável e cujo lento assassinato por meio de anos de exílio entre os iacutos da Sibéria será gravado como uma mácula eterna sobre a memória de Alexandre II, o "Libertador".

Tchernichevski, em consequência da barreira intelectual na fronteira russa, não chegou a conhecer as obras de Marx e, quando foi publicado *O capital*, ele já se encontrava há tempos em Viliúisk, entre os iacutos. Todo seu desenvolvimento intelectual acabou se dando nos meios disponíveis nesse entorno criado pela barreira intelectual na fronteira. O que a censura russa não deixava entrar praticamente, ou de fato, não existia para a Rússia. Caso se encontrem ali algumas debilidades, limitações isoladas quanto à perspectiva, a única coisa que causa admiração é que não tenham sido em maior número.

Tchernichevski igualmente vislumbra na comunidade camponesa russa um meio de passar da forma social existente para um novo estágio do desenvolvimento, que é superior, por um lado, à comuna russa e, por outro, à sociedade capitalista europeia ocidental e seus antagonismos de classes. E ele vê uma vantagem no fato de a Rússia possuir esse meio, ao passo que o Ocidente está privado dele.

> A introdução de uma ordem social melhor é dificultada sobremaneira na Europa ocidental devido à ampliação ilimitada dos direitos da personalidade individual [...] não se renuncia tão facilmente àquilo que se está acostumado a desfrutar, por menor que seja a sua porção; na Europa ocidental, o indivíduo já se acostumou à ausência de limites dos direitos privados. Só a experiência amarga e uma longa reflexão ensinam a vantagem e a inevitabilidade das concessões mútuas. No Ocidente, uma ordem melhor das condições econômicas está associada a sacrifícios, sendo, por isso, difícil de ser implementada. Ela contraria os costumes do homem do campo inglês e francês. [Porém] o que lá parece utopia, aqui já existe como fato [...] aqueles costumes, cuja transposição para a vida do povo parece imensamente difícil para o inglês e para o francês já existe para o russo como fato da vida de seu povo [...] a ordem das coisas para a qual o Ocidente apenas está rumando por um caminho longo e difícil já existe entre nós no poderoso costume do povo em sua

Posfácio [a "Questões sociais da Rússia"], 1894

existência camponesa. [...] Vemos as tristes consequências no Ocidente do desaparecimento da propriedade comum do solo e como será difícil para os povos ocidentais restaurar o que foi perdido. O exemplo do Ocidente não pode ter-nos sido dado em vão.[2]

E a respeito dos cossacos uralianos, entre os quais ainda predominava o cultivo comum do solo e a posterior repartição do produto entre as famílias individuais, ele diz o seguinte:

> Se esses uralianos mantiverem suas atuais instituições até o tempo em que forem introduzidas máquinas na produção de grãos, ficarão muito felizes de terem preservado uma ordem de propriedade que também permite o uso de máquinas que pressupõem unidades econômicas de tamanho colossal, de centenas de *desjatines*.[3]

Só não se deve esquecer que os uralianos, com seu cultivo comum – preservado do desaparecimento por conveniências militares (entre nós também existe o comunismo de caserna) –, se encontram totalmente isolados na Rússia, mais ou menos como ocorre entre nós com as propriedades rurais [*Gehöferschaften*] situadas na região do rio Mosela, com suas redistribuições periódicas da terra. E se eles se mantiverem em sua atual constituição até estarem aptos para a introdução das máquinas, quem tirará proveito disso não serão eles, mas o fisco militar russo de quem são servos.

Em todo caso, o fato estava dado: no mesmo período em que, na Europa ocidental, a sociedade capitalista se desagregava e ameaçava ruir em virtude das contradições necessárias de seu próprio desenvolvimento, na Rússia mais ou menos a metade de todo o solo cultivado existia como propriedade comum das comunidades camponesas. Ora, se no Ocidente a solução para as contradições mediante a reorganização da sociedade tem como pressuposto a apropriação de todos os meios de produção e, portanto, também do solo, como propriedade comum da sociedade, como se relaciona com essa

---

[2] Nicolai Tchernichevski, *Werke* (Genebra), v. V, p. 16-9; citado em Georgi Plekhanov, *Наши разногласия* [Nossas diferenças] (Genebra, 1885).

[3] Ibidem, p. 131.

propriedade comum do Ocidente ainda a ser criada a propriedade comum na Rússia que já (ou melhor, ainda) existe? Ela não poderia servir de ponto de partida para uma ação nacional que, saltando por cima de todo o período capitalista, transporta o comunismo camponês russo diretamente para a moderna propriedade comum socialista de todos os meios de produção, enriquecendo-o com todas as conquistas técnicas da era capitalista? Ou, usando as palavras com que Marx resume, numa carta que será citada mais adiante, a concepção de Tchernichevski:

> assim como querem os economistas liberais, a Rússia deve começar destruindo a comuna rural para passar ao regime capitalista ou, pelo contrário, ela poderia, sem experimentar a tortura infligida por esse regime, apropriar-se de todos os seus frutos mediante o desenvolvimento de seus próprios pressupostos históricos?

A própria formulação da pergunta já indica a direção a ser seguida na busca pela solução. A comunidade russa existiu durante séculos sem que dela jamais tivesse partido um impulso para desenvolver a partir de si mesma uma forma superior da propriedade comum; o mesmo sucedeu com a constituição da "marca" alemã, com o clã celta, com as comunidades indianas e outras dotadas de instituições comunistas primitivas. Com o passar do tempo, sob a influência da produção de mercadorias e da troca entre famílias e pessoas individuais aí envolvidas ou então que surgiram em seu próprio meio e gradativamente os foram permeando, todas essas instituições foram perdendo cada vez mais seu caráter comunista, dissolvendo-se em comunidades de possuidores de terra autônomos entre si. Portanto, o simples fato de se poder levantar a pergunta se a comuna russa terá um destino diferente e melhor não se deve a ela em si, mas única e exclusivamente à circunstância de ela ter se conservado com relativa vitalidade num país europeu até à época em que não só a produção de mercadorias em geral como até mesmo a sua forma suprema e derradeira (a produção capitalista) entrou em contradição, na Europa ocidental, com as forças produtivas geradas por ela mesma, mostrando-se incapaz de continuar canalizando essas forças e ruindo

Posfácio [a "Questões sociais da Rússia"], 1894

em virtude dessas contradições internas e dos conflitos de classes que lhes correspondem. A partir disso, já se depreende que a iniciativa para uma eventual reconfiguração da comuna russa não poderá partir dela mesma, mas única e exclusivamente dos proletários industriais do Ocidente. A vitória do proletariado europeu ocidental contra a burguesia e a substituição a ela associada da produção capitalista pela produção socialmente conduzida constituem as precondições necessárias para alçar a comuna russa ao mesmo estágio.

De fato: jamais e em lugar nenhum o comunismo agrário advindo da sociedade gentílica desenvolveu a partir de si mesmo algo distinto de sua própria desagregação. A própria comunidade camponesa russa já era em 1861 uma forma relativamente enfraquecida desse comunismo; o cultivo comum do solo que ainda existia em regiões isoladas da Índia e nas cooperativas domésticas eslavas meridionais (*zadruga*), a provável matriz da comuna russa, teve de ceder seu lugar ao cultivo promovido por famílias individuais; a propriedade comum só vigorava ainda nas redistribuições do solo que, de qualquer modo, eram repetidas em diferentes períodos, dependendo da localidade. Essas redistribuições precisam tão somente parar de acontecer ou ser abolidas por decreto que estará constituído o povoado formado por agricultores parceleiros.

Porém, o simples fato de que, ao lado da comunidade camponesa russa, a produção capitalista na Europa ocidental simultaneamente se aproxima do seu ponto de ruptura e já aponta para uma nova forma de produção, na qual os meios de produção são empregados do modo planejado como propriedade social – esse simples fato não é capaz de proporcionar à comuna russa a força para desenvolver a partir de si mesma essa nova forma de sociedade. Como ela poderia apropriar-se, enquanto propriedade social e instrumento, das gigantescas forças produtivas da sociedade capitalista antes mesmo de a sociedade capitalista ter consumado essa revolução? Como a comuna russa poderia mostrar ao mundo como se opera a grande indústria visando à contabilidade comum depois de ter desaprendido a cultivar seu solo?

De qualquer modo, há na Rússia gente suficiente que conhece bem a sociedade capitalista ocidental, com todos os seus antagonismos e conflitos irreconciliáveis, e que também têm clareza quanto à saída desse aparente beco sem saída. Porém, em primeiro lugar, os poucos milhares de pessoas que compreendem isso não vivem na comuna e as talvez 50 milhões de pessoas da Grande Rússia que ainda vivem na propriedade comum do solo não têm a mais tênue noção de tudo isso. Estas encaram aqueles poucos milhares de pessoas no mínimo com a mesma estranheza e incompreensão com que, entre 1800 e 1840, os proletários ingleses encararam os planos que Robert Owen arquitetou para salvá-los. E entre os trabalhadores que Owen empregou em sua fábrica em New Lanark, a maioria era igualmente constituída de gente que havia crescido em meio aos hábitos e instituições de uma sociedade comunista gentílica em decadência – a saber, no clã celta-escocês. Não há, porém, uma sílaba em seus relatos de que teria sido mais bem compreendido por essa gente. E, em segundo lugar, trata-se de uma impossibilidade histórica querer que um estágio econômico inferior do desenvolvimento resolva os enigmas e conflitos que só surgiram (e só poderiam surgir) num estágio bem superior. Todas as formas da cooperativa gentílica que surgiram da produção de mercadorias e da troca individual têm uma coisa em comum com a futura sociedade socialista: que certas coisas, os meios de produção, constituem propriedade comum e uso comum de certos grupos. Mas tal qualidade comunitária não capacita a forma social inferior a produzir a partir de si mesma a futura sociedade socialista, esse produto bem próprio e derradeiro do capitalismo. Cada formação econômica dada tem seus próprios problemas decorrentes de si própria a resolver; querer resolver os de uma outra formação totalmente estranha a ela seria um contrassenso absoluto. E isso vale tanto para a comuna russa quanto para a *zadruga* dos eslavos meridionais, tanto para a economia doméstica gentílica da Índia como para qualquer outra forma social selvagem ou bárbara caracterizada pela posse comum dos meios de produção.

Posfácio [a "Questões sociais da Rússia"], 1894

Em contrapartida, não é só uma possibilidade, mas uma certeza que, após a vitória do proletariado e a transferência dos meios de produção para a posse comum dos povos europeus ocidentais, os povos que recém sucumbiram à produção capitalista e conseguiram salvar instituições gentílicas ou resquícios destas dispõem, na forma desses resquícios de posse comum e nos hábitos populares que lhe correspondem, de um meio poderoso para abreviar significativamente seu processo de desenvolvimento até a sociedade socialista e resguardar-se da maior parte dos sofrimentos e lutas que nós, na Europa ocidental, só com muito esforço conseguimos superar. Mas, para isso, o exemplo e o apoio ativo do Ocidente até agora capitalista constitui uma condição incontornável. Somente quando a economia capitalista tiver sido superada em sua pátria e nos países em que floresceu, somente quando os países atrasados virem através desse exemplo "como se faz", como se coloca as modernas forças produtivas da indústria a serviço da coletividade na forma de propriedade social, só então eles poderão encetar esse processo abreviado de desenvolvimento. Poderão assim fazê-lo com êxito assegurado. E isso vale para todos os países do estágio pré-capitalista, não apenas para a Rússia. Porém, na Rússia, será relativamente mais fácil, porque ali uma parte da população autóctone já se apropriou dos resultados intelectuais do desenvolvimento capitalista e, por esse meio, torna-se possível realizar aí, num período revolucionário, a reconfiguração social em simultâneo com o Ocidente.

Isso já foi dito por Marx e por mim no dia 21 de janeiro de 1882, no prefácio à tradução russa do *Manifesto Comunista*, de autoria de Georgi Plekhanov. Ali consta o seguinte:

Mas na Rússia vemos que, ao lado do florescimento acelerado da velhacaria capitalista e da propriedade fundiária burguesa que começa a desenvolver-se, mais da metade das terras é possuída em comum pelos camponeses. O problema agora é: poderia a *obchtchina* russa – forma já muito deteriorada da antiga posse em comum da terra – transformar-se diretamente na propriedade comunista? Ou, ao contrário, deveria primeiramente passar pelo mesmo processo de dissolução que constitui a evolução histórica do Ocidente?

Hoje em dia, a única resposta possível é a seguinte: se a revolução russa constituir-se no sinal para a revolução proletária no Ocidente, de modo que uma complemente a outra, a atual propriedade comum da terra na Rússia poderá servir de ponto de partida para uma evolução comunista.*

Porém, não se pode esquecer que, entrementes, a mencionada forte deterioração da propriedade comum na Rússia avançou consideravelmente. As derrotas sofridas na Guerra da Crimeia deixaram clara para a Rússia a necessidade de um rápido desenvolvimento industrial. Necessitavam-se, antes de tudo, ferrovias, e estas não são possíveis em larga escala sem uma grande indústria autóctone. A precondição para isso foi a assim chamada libertação dos camponeses, que inaugurou a era capitalista na Rússia – mas, ao mesmo tempo, também a era do rápido solapamento da propriedade comum do solo. As taxas impostas aos camponeses pela extração da madeira, somadas ao aumento dos impostos e à simultânea redução e depauperação do solo a eles destinado, jogaram-nos infalivelmente nas mãos dos usurários, em geral membros enriquecidos da comunidade camponesa. As ferrovias deram acesso a muitas regiões até ali isoladas a um mercado para seu grão, mas também levaram até elas os produtos baratos da grande indústria, o que desalojou a indústria caseira dos camponeses que até então confeccionavam produtos similares em parte para consumo próprio, em parte para a venda. As relações de compra e venda costumeiras se desorganizaram, instalou-se a deterioração que acompanha em toda parte a passagem da economia natural para a economia monetária, apareceram grandes diferenças de patrimônio entre os membros da comunidade – por meio da dívida, os pobres se tornaram escravos dos ricos. Em suma, o mesmo processo que, no período de Sólon, desagregou a *gens* ateniense pela irrupção da

---

* Cf. Karl Marx e Friedrich Engels, *Manifesto Comunista* (trad. Álvaro Pina, São Paulo, Boitempo, 1998), p. 73. (N. T.)

Posfácio [a "Questões sociais da Rússia"], 1894

economia monetária* começou a desagregar aqui a comunidade russa. Sólon até conseguiu, mediante uma intervenção revolucionária no direito (naquele tempo ainda bastante recente) da propriedade privada, libertar tais escravos, pura e simplesmente anulando suas dívidas. Mas ele não conseguiu mais revitalizar a antiga *gens* ateniense e, do mesmo modo, não haverá poder no mundo que seja capaz de restaurar a comuna russa depois que sua deterioração tiver atingido um determinado ápice. E o governo russo, ainda por cima, proibiu a repetição das redistribuições do solo entre os membros da comunidade num prazo inferior a doze anos, para que o camponês se desacostume delas aos poucos e passe a encarar a si próprio como proprietário privado de sua parcela.

Marx também já se pronunciara nesse sentido, no ano de 1877, numa carta enviada à Rússia. Um certo senhor Jukovski, o mesmo que agora, como tesoureiro do banco estatal, inaugura com sua assinatura as cartas de crédito russas, havia escrito, no *Mensageiro Europeu*, algo sobre Marx, ao que outro escritor [N. C. Michailovski] respondera na revista *Notas Patrióticas*. Para corrigir esse artigo, Marx escreveu uma carta ao editor das *Notas*, a qual, depois de ter circulado pela Rússia por muito tempo em forma de cópias manuscritas do original francês, foi publicada em 1886, em Genebra, no *Mensageiro da Vontade do Povo* e mais tarde na própria Rússia, traduzida. A carta, como tudo que provinha de Marx, recebeu grande atenção e variada interpretação em círculos russos; por essa razão, reproduzo aqui o essencial do seu conteúdo.

Primeiramente Marx rejeita a opinião que lhe foi imputada nas *Notas* como se ele concordasse com os liberais russos, segundo os quais a coisa mais urgente que a Rússia tinha a fazer era dissolver a propriedade comum dos camponeses e lançar-se no capitalismo. Afirma ainda que sua breve nota sobre Herzen no anexo à primeira edição de *O capital* nada prova. Essa nota tem o seguinte teor:

---

* Cf. Friedrich Engels, *Der Ursprung der Familie etc.* (5. ed., Stuttgart, 1892), p. 109-13. (N. E. A.) [Ed. bras. *A origem da família, da propriedade privada e do Estado*, Rio de Janeiro, Civilização Brasileira, 1974 – N. T.]

Se a influência da produção capitalista, que solapa a raça humana [...], continuar se desenvolvendo no continente europeu como até agora, ou seja, de mãos dadas com a concorrência nos quesitos soldadesca nacional, dívida pública, impostos, condução elegante da guerra etc., acabará tornando-se inevitável o rejuvenescimento da Europa pelo açoite e pela infusão obrigatória de sangue calmuco, tão seriamente profetizado por todo meio russo e moscovita Herzen (diga-se de passagem, que não foi na Rússia que esse beletrista fez as suas descobertas sobre o "comunismo russo", mas na obra de Haxthausen, conselheiro do governo prussiano).[4]

Marx prossegue, dizendo que essa passagem

em nenhum caso fornecerá a chave de minha visão sobre os esforços (o que se segue foi citado em russo com base no original) dos homens russos para encontrar um caminho de desenvolvimento para a sua pátria, diferente daquele que foi e é trilhado pela Europa ocidental etc. No posfácio à segunda edição alemã de *O capital* falo de um "grande erudito e crítico russo" (Tchernichevski) com a alta consideração que lhe é devida. Em artigos notáveis, ele tratou da questão se a Rússia deve começar, como querem os economistas liberais, por destruir a comuna rural para passar ao regime capitalista ou se, pelo contrário, ela poderia, sem experimentar a tortura infligida por esse regime, apropriar-se de todos os seus frutos mediante o desenvolvimento dos seus próprios pressupostos históricos. E ele se pronuncia a favor da última solução. [...]
Enfim, como não gostaria de deixar "alguma coisa para adivinhar" direi as coisas sem meias palavras. Para poder julgar com conhecimento de causa o desenvolvimento econômico da Rússia contemporânea, aprendi a língua russa e depois estudei durante longos anos as publicações oficiais e outras referentes a esse tema. O resultado a que cheguei foi este: *se a Rússia prosseguir no rumo tomado depois de 1861, ela perderá a melhor chance que a história jamais ofereceu a um povo, para, em vez disso, suportar todas as vicissitudes fatais do regime capitalista.*

Além disso, Marx aclara alguns outros mal-entendidos do seu crítico; a única passagem que se refere à questão que estamos tratando é esta:

---

[4] Karl Marx, *Das Kapital* (1. ed., Hamburgo, Otto Meissner, 1867), Livro I, p. 763.

Posfácio [a "Questões sociais da Rússia"], 1894

Ora, como o meu crítico aplicou esse esboço histórico à Rússia? (A exposição da acumulação primitiva em *O capital*.) Tão somente assim: se a Rússia tende a tornar-se uma nação capitalista a exemplo das nações da Europa ocidental – e durante os últimos anos ela se esforçou muito nesse sentido –, ela não será bem-sucedida nisso sem ter transformado, de antemão, uma boa parte dos seus camponeses em proletários; e, depois disso, uma vez levada ao âmago do regime capitalista, ela terá de suportar suas leis impiedosas como os demais povos profanos. Isso é tudo!

Marx escreveu isso em 1877. Naquela época havia dois governos na Rússia: o do czar e o do *Ispolnitelnyi Komitet* [Comitê Executivo] secreto dos conspiradores terroristas. O poder desse governo paralelo secreto crescia a cada dia. A derrubada do czarismo parecia iminente; uma revolução na Rússia privaria todo o reacionarismo europeu de seu sustentáculo mais forte, do seu grande exército de reserva e, por essa via, proporcionaria ao movimento político do Ocidente um impulso novo e poderoso, além de, acima de tudo, condições infinitamente mais favoráveis de operação. Não é de se admirar que, diante disso, Marx tenha recomendado que os russos não se apressassem tanto para lançar-se ao capitalismo.

A revolução russa não aconteceu. O czarismo conseguiu controlar o terrorismo, que momentaneamente voltou a jogar nos braços daquele inclusive todas as classes possuidoras, "amantes da ordem". E, nos dezessete anos que se passaram desde que foi escrita aquela carta, tanto o capitalismo quanto a dissolução da comunidade camponesa na Rússia fizeram enormes progressos. Como se coloca, pois, a questão hoje, no ano de 1894?

Como, depois das derrotas da Guerra da Crimeia e do suicídio do czar Nicolau, o velho despotismo czarista persistiu inalterado, só restou um caminho: passar o mais rápido possível para a indústria capitalista. O exército fora destruído pelas dimensões gigantescas do império, pelas longas marchas até o campo de batalha: as distâncias precisavam ser eliminadas por uma rede estratégica de ferrovias. Ferrovias, no entanto, significam indústria capitalista, além de revolução da agricultura primitiva. Por um lado, o produto agrícola até dos lugares mais remotos entra em conexão direta com o mercado mundial; por outro, um sistema ferroviário expandido não se constrói nem se mantém em funcionamento sem uma indústria autóctone que forneça trilhos, locomotivas, vagões etc. Porém, não é possível introduzir um ramo da grande indústria sem arcar com todo o sistema; a indústria têxtil num padrão relativamente moderno, que antes disso já havia lançado raízes na região de Moscou e de Vladimir, assim como na região costeira do Mar Báltico, ganhou um novo impulso. Às ferrovias e fábricas se associaram as ampliações de bancos já existentes e a fundação de novos bancos; a libertação dos camponeses de sua servidão promoveu a liberdade de ir e vir, na expectativa de que logo grande parte desses camponeses se libertasse por si mesma também da posse da terra. Desse modo, em pouco tempo estavam postos todos os fundamentos do modo de produção capitalista na Rússia. Porém, ao mesmo tempo cravava-se o machado na raiz da comunidade camponesa russa.

Ficar lamentando isso agora não resulta em nada. Se depois da Guerra da Crimeia o despotismo czarista tivesse sido substituído por um governo parlamentarista direto, exercido pela nobreza e pelos burocratas, o processo talvez tivesse sido um pouco mais lento; se a burguesia em formação tivesse tomado o poder, certamente ela o teria acelerado ainda mais. Do jeito que estavam as coisas não havia alternativa. Ao lado do Segundo Império na França, ao lado do fulgurante crescimento da indústria capitalista na Inglaterra, realmente não se poderia pedir que a Rússia, tendo por base apenas a comunidade camponesa, se lançasse de cabeça em experimentos visando a um Estado socialista. Algo tinha de acontecer. Aconteceu o que foi possível naquelas circunstâncias, como sempre acontece nos países que adotaram a produção de mercadorias, as coisas se dão geralmente apenas na semiconsciência ou de modo totalmente mecânico, sem que se saiba o que está sendo feito.

Deu-se então o novo momento da revolução vinda de cima, oriunda da Alemanha, e, com ele, o período do crescimento rápido

Posfácio [a "Questões sociais da Rússia"], 1894

do socialismo em todos os países europeus. A Rússia participou do movimento geral. Nela, esse movimento assumiu, naturalmente, a forma de uma investida para derrubar o despotismo czarista e conquistar a liberdade de movimento intelectual e político para a nação. A crença na força milagrosa da comunidade camponesa, da qual poderia e deveria vir o renascimento social – e pela qual, como podemos ver, Tchernichevski não pode ser isentado de responsabilidade –, contribuiu com a sua parte para aumentar o entusiasmo e a energia dos heroicos precursores russos. Eram apenas algumas centenas de pessoas que, com sua abnegação e seu heroísmo, levaram o czarismo absoluto a ter de ponderar a possibilidade e as condições de uma capitulação – não arrazoamos com essas pessoas quando consideram o seu povo russo como o povo eleito da revolução social. Mas nem por isso precisamos partilhar de sua ilusão. O tempo dos povos eleitos passou para sempre.

Durante essa luta, porém, o capitalismo avançou lépido na Rússia e logrou cada vez mais aquilo que o terrorismo não conseguira: levar o czarismo à capitulação.

O czarismo precisava de dinheiro. Não só para o luxo da corte, para a sua burocracia, sobretudo para o seu exército e para a sua política exterior baseada no suborno, mas principalmente para a sua miserável economia financeira e a ridícula política ferroviária que lhe correspondia. O exterior não queria e não podia mais custear todos os déficits do czar; o próprio país tinha de se ajudar. Uma parte das ações das ferrovias precisava ser colocada no próprio país, assim como uma parte dos empréstimos. A primeira vitória da burguesia russa consistiu nas concessões ferroviárias, que contemplavam os acionistas com todos os lucros futuros, mas também oneravam o Estado com todas as perdas futuras. Em seguida, vieram as subvenções e os prêmios para empreendimentos industriais, o imposto sobre a importação de produtos visando proteger a indústria autóctone, que acabou praticamente impossibilitando a importação de muitos artigos. Em vista de seu endividamento irrefreável e seu crédito arruinado quase que por completo no exterior, o Estado russo possui um interesse diretamente fiscal no desenvolvimento turbinado da indústria autóctone. Ele necessita continuamente de ouro para pagar os juros da dívida com o exterior. Mas na Rússia não há ouro, lá circula apenas papel. Uma parte é fornecida pelo pagamento em ouro, prescrito em lei, das taxas alfandegárias, prescrição que eventualmente também aumenta essas taxas em 50%. Porém, a ideia é que a maior parte do ouro seja fornecida pelo excedente da exportação de matérias-primas nacionais em relação à importação de produtos industrializados estrangeiros; o câmbio obtido do exterior por esse excedente é comprado pelo governo no próprio país com papel, recebendo ouro em troca. Portanto, se o governo não quiser pagar os juros ao exterior contraindo novos empréstimos externos, ele precisa providenciar que a indústria russa se fortaleça rapidamente a ponto de atender toda a demanda interna. Daí a exigência de que a Rússia se torne um país industrial independente do exterior, que baste a si mesmo, e daí também os esforços convulsivos do governo para levar o desenvolvimento capitalista da Rússia ao ápice em poucos anos. Porque, se isso não acontecer, não restará outra saída senão apelar para o fundo de guerra metálico acumulado no banco estatal e no tesouro estatal, ou então declarar a bancarrota do Estado. E ambos os casos implicariam o fim da política externa russa.

Uma coisa está clara: nessas circunstâncias, a jovem burguesia russa tem o Estado totalmente em seu poder. Em todas as questões econômicas importantes ele tem de dobrar-se à sua vontade. Se por enquanto ela ainda suporta a presunção despótica do czar e de seus funcionários, é porque essa presunção, de alguma forma atenuada pela venalidade da burocracia, ainda lhe oferece mais garantias do que as transformações, mesmo que ocorram em termos liberais--burgueses, cujas consequências, em vista da situação interna da Rússia, ninguém pode prever. Assim, a transformação do país em uma nação industrial capitalista, a proletarização de grande parte dos camponeses e a decadência da antiga comunidade comunista avançam com rapidez cada vez maior.

Posfácio [a "Questões sociais da Rússia"], 1894

Não me aventuro a responder à questão se ainda terá se salvado dessa comunidade o suficiente para que ela eventualmente, como Marx e eu ainda esperávamos em 1882, se torne o ponto de partida de um desenvolvimento comunista em consonância com uma reviravolta na Europa ocidental. Porém, isto é certo: para que ainda se conserve um resquício dessa comunidade, a primeira condição é a derrubada do despotismo czarista, a revolução na Rússia. Esta não só arrancará a grande massa dessa nação, os camponeses, do isolamento em seus povoados que constituem seu *mir*, seu "mundo", e a conduzirá ao grande palco, onde conhecerá o mundo exterior e, desse modo, a si própria, a sua própria situação e os meios para salvá-la da presente penúria, mas ela também proporcionará ao movimento dos trabalhadores do Ocidente um novo impulso e novas e melhores condições de luta e, desse modo, acelerará a vitória do moderno proletariado industrial, sem a qual a Rússia atual não conseguirá sair nem da comuna nem do capitalismo, rumo a uma transformação socialista.

ÍNDICE ONOMÁSTICO

AXELROD, Pavel Borisovitch (1850-1928) – Revolucionário menchevique russo. Ao lado de Georgi Plekhanov e Vera Ivanovna Zasulitch, entre outros, fundou na Suíça, em 1883, o grupo Emancipação do Trabalho. Morreu no exílio, em Berlim. p. 71-3, 88, 120, 122.

BAKUNIN, Mikhail Alexandrovitch (1814-1876) – Revolucionário russo. A princípio um hegeliano de esquerda, sagrou-se anarquista e adversário do marxismo. Entrou para a Internacional em 1869, da qual foi expulso em 1872, no Congresso de Haia. p. 19-20, 25, 29, 48, 75, 124, 127.

BERNSTEIN, Eduard (1850-1932) – Pensador político alemão, membro do Partido Social-Democrata alemão (SPD) e um dos fundadores do chamado socialismo evolucionário. No contexto da social-democracia alemã, dirigiu uma série de críticas às análises de Marx, considerando-as superadas pelo desenvolvimento histórico. Pretendeu, também, fundamentar o método marxiano por meio de uma aproximação à teoria do conhecimento kantiana. p. 74, 119-21.

BIERVI, Vasili Vasilievich – Economista russo de grande reconhecimento dentre a intelectualidade progressista russa. Assinava seus trabalhos sob o pseudônimo de Nicolai Flerovski. Seu livro *A condição da classe operária na Rússia*, de 1869, no qual descreve a espoliação capitalista no país, foi de grande valia para Marx e Engels. p. 27, 41, 45.

BÜCKLER, Johaness (1779-1803) – Mais conhecido por seu apelido, Schinderhannes, foi um célebre salteador alemão. Frequentemente comparado a Robin Hood, atuava na região do Hunsrück e roubava dos ricos para distribuir entre os mais pobres. p. 53.

Índice onomástico

DANIELSON, Nicolai Franzevitch (1844-1918) – Sociólogo e economista russo, terminou de traduzir para o russo a edição alemã do Livro I de *O capital*, após ter passado pelas mãos de Bakunin e Lopatin. Mais tarde, traduziu também os Livros II e III. Apesar de marxista e apoiador da causa, não há evidências de que tenha atuado na Revolução de 1917. p. 27-9, 57-61, 66, 81-2.

DEUTSCH, Lev Grigorievitch – (1855-1941) Revolucionário russo. Foi um dos primeiros membros do Partido Operário Social-Democrata Russo (POSDR), além de um dos líderes da facção menchevique. p. 73, 81-2, 88- 122.

DICKSTEIN, Szimon – Integrante do círculo de intelectuais russos de Genebra, alinhou-se a Vera Ivanovna Zasulitch e outros populistas. p. 43.

DOBROLIUBOV, Nicolai Alexandrovitch (1836-1861) – Jornalista e crítico literário. Traduziu clássicos da poesia grega para o russo aos treze anos. Já na universidade, organizou um movimento estudantil clandestino pela democratização da Rússia e colaborou na revista *Sovremennik* [O Contemporâneo]. Antes de sua morte precoce, chegou a viver na Alemanha, na Suíça e na Itália, onde escreveu uma série de artigos sobre o movimento de libertação nacional liderado por Giuseppe Garibaldi. p. 27.

ENGELHARD, Alexander Nicolaievitch (1832-1893) – Agrônomo russo oriundo da nobreza czarista. De orientação *narodnik*, sagrou-se por ter experimentado formas de cultivo e organizações sociais agrárias comunitárias em suas próprias terras. p. 27.

FLEROVSKI, Nicolai (1829-1918) – ver BIERVI, Vasili Vasilievich.

GOLOVATCHOV, Alexei Adrianovitch (1819-1903) – Político liberal oriundo da nobreza, defendeu os princípios burgueses das reformas político-econômicas dos anos 1860 e 1870 na Rússia. p. 28.

HARTMANN, Lev Nicolaievitch (1850-1913) – Militante socialista russo que, considerado um "terrorista" por ter participado de um frustrado atentado a bomba ao czar em 1880, acabou exilado em Londres, de onde conseguiu estabelecer contato direto com Marx e outros pensadores. p. 74, 117.

HAXTHAUSEN, August von (1792-1866) – Também conhecido como barão von Haxthausen-Abbenburg, foi um advogado e economista alemão.

Ferrenho pesquisador, colecionador de relíquias folclóricas, estudou em campo as condições sociais da Rússia de meados do século XIX, levantando importante material sobre a economia e as formas de organização agrárias do país. p. 47-8, 64-5, 127, 137.

HERZEN, Alexander Ivanovitch (1812-1870) – Expoente pensador e escritor do movimento revolucionário pré-marxista na Rússia, defendia a ideia da comuna agrária e fundou em Londres, durante seu exílio, a casa tipográfica Вольная Русскя Типографiа [Imprensa Livre Russa]. p. 27, 29, 43-4, 48, 64, 124, 127-8, 136-7.

JUKOVSKI, Juli Galactionovitch – Economista russo, burguês liberal e contrário ao marxismo. p. 57-9, 64-5, 136.

KAUFMANN, Illarion Ignatievitch (1848-1915) – Acadêmico russo, formou-se em economia na Universidade de Cracóvia (Polônia) e atuou em diversos comitês políticos durante as reformas econômicas que o país sofreu na virada do século XIX para o XX. p. 28.

KRAVTCHINSKI, Sergei Mikhailovitch (1851-1895) – Mais conhecido pelo codinome Stepniak, foi um revolucionário subversivo russo que se valeu de seu treinamento militar para se juntar à guerrilha no exterior. Lutou contra os turcos na Bósnia, em 1876, e ao lado do anarquista Errico Malatesta, na rebelião de Benevento (1877). De volta à Rússia, alinhou-se ao Земля и воля [Terra e liberdade]. Ficou famoso por ter assassinado o general Nicolai Mezentsov, da polícia czarista. p. 81.

KRITCHEVSKI, Boris Naumovitch – Economista russo, bolchevique, correspondente de Rosa Luxemburgo e Friedrich Engels. p. 32.

LAFARGUE, Laura (1867-1911) – Filha de Karl Marx. Colaborou na preservação dos escritos de Marx, com Paul Lafargue. p. 21, 58.

LAFARGUE, Paul (1842-1911) – Genro de Karl Marx. Foi responsável, ao lado de Laura Lafargue, por preservar parte do material do filósofo e ajudou Engels organizá-lo. p. 13, 71.

LAVROV, Piotr Lavrovitch (1823-1900) – Intelectual socialista alinhado aos *narodniki*, passou boa parte de sua vida acadêmica em Zurique, de onde editava a revista *Avante!*. Escritor prolífico, considerava-se um rival de

Índice onomástico

Mikhail Bakunin, além de se opor às teorias de Tkatchov. p. 19, 23-4, 28, 30, 48, 118-21.

LENIN, Vladimir Illitch [Vladimir Illitch Ulianov] (1870-1924) – Líder revolucionário e chefe de Estado russo. Mentor, executor e principal líder da Revolução Russa de 1917. Em 1922, fundou a União das Repúblicas Socialistas Soviéticas (URSS). Sua liderança inspirou os partidos comunistas através do mundo. Escreveu muitos artigos e livros, entre eles *Que fazer?* (1902) e *Imperialismo: estágio superior do capitalismo* (1917). p. 26, 32, 63-4.

LILIENFELD-TOALS, Pavel Fiodorovitch – Sociólogo de formação, foi um alto funcionário do governo czarista, possuidor de grande quantia de terras. Chegou a ser senador do Parlamento russo e, em Paris, presidente do Institut International de Sociologie. p. 27.

LOPATIN, German Alexandrovitsch (1845-1918) – Jornalista e revolucionário russo. De família abastada, envolveu-se com os populistas do movimento *narodnik* e acabou exilado. No exterior, pôde se dedicar mais ao estudo do marxismo. Filiou-se à Primeira Internacional e, em Londres, tornou-se amigo de Marx e Engels. Posteriormente, também alinhou-se ao Terra e Liberdade e ao Vontade do Povo, além de ter-se dedicado à literatura. p. 24, 27-8, 30, 58-9, 60.

MAURER, Georg Ludwig von (1790-1872) – Jurista e historiador bávaro, sagrou-se importante fonte de pesquisa para Marx ao comprovar que as tribos germânicas, assim como outras civilizações, também haviam passado pelo estágio da propriedade comum e do cultivo coletivo do solo. p. 50, 87, 91, 109.

MICHAILOVSKI, Nicolai Constantinovitch (1842-1904) – Sociólogo alinhado inicialmente aos *narodniki*, inclinou-se mais tarde à tendência liberal dos populistas. Embora simpático ao marxismo, seu posicionamento acabou por se revelar obtuso e contraditório. p. 57-9, 61, 63-5, 81, 136.

MORGAN, Lewis Henry (1818-1881) – Antropólogo e cientista social norte-americano. Desenvolvedor de diversas teorias relacionadas à evolução das civilizações, é tido como o único americano citado por pensadores do calibre de Sigmund Freud, Karl Marx, Friedrich Engels e Charles Darwin. p. 87, 91.

MOROSOV, Nicolai Alexandrovitch (1854-1946) – Revolucionário russo. Exilado em Genebra, alinhou-se ao Vontade do Povo. De volta à Rússia, foi preso em 1882. Durante seus 25 anos de confinamento, abandonou a política para se dedicar aos estudos da física, da química e principalmente da astronomia, sendo mais tarde aceito em diversas sociedades científicas russas. p. 74, 81, 117.

NICOLAIEVSKI, Boris Ivanovich (1887-1966) – Historiador e revolucionário marxista russo, alinhado aos mencheviques. Preso diversas vezes e exilado na Sibéria por três ocasiões pela polícia czarista, tornou-se um dos dirigentes do Instituto Marx-Engels após a Revolução, até ser deportado pela polícia soviética. No exterior, sagrou-se como o arquivista responsável por preservar valiosos arquivos revolucionários, incluindo o de Trotski. p. 72-3, 88.

OGARIOV, Nicolai Platonovitch (1813-1877) – Poeta e jornalista russo, foi amigo pessoal de Herzen e editor e principal colaborador do jornal socialista *Kolokol*, impresso em Londres e, posteriormente, em Genebra. p. 124.

OWEN, Robert (1771-1858) – Pensador galês, fundou a Sociedade dos Pioneiros Equiatativos, em 1844, e esteve na base do movimento cooperativista e do socialismo utópico na Grã-Bretanha. Ambas as correntes, contudo, evoluíram de modo bastante diverso do que Owen havia originalmente arquitetado. p. 47, 133.

PLEKHANOV, Georgi Valentinovitch (1856-1918) – Considerado "o pai do marxismo na Rússia". Originalmente *narodnik*, criou a primeira organização marxista russa, o grupo Emancipação do Trabalho, em 1883. Correspondente de Engels e autor de importantes obras, foi notável propagandista do marxismo na Rússia. p. 32, 63, 71-3, 75, 77, 82, 88, 117-9, 122, 130, 134.

PUGACHEV, Emelian (c. 1742-1775) – Líder da insurreição cossaca de 1773-1774 contra Catarina II, tornou-se célebre por ter se passado pelo marido da monarca, o czar Pedro III. p. 54.

RIAZANOV, David (1870-1938) – Fundador do Instituto de Marxismo-Leninismo, foi um importante teórico marxista e político revolucionário, além do editor responsável pelas primeiras publicações em larga escala dos trabalhos de Marx e Engels na Rússia. Vítima do terror que se instalou na Rússia durante o stalinismo, acabou sendo executado pelo regime. p. 71, 74, 88.

Índice onomástico

SALTYKOW-CHTCHEDRIN, Mikhail Ievgrafovitch (1826-1889) – Escritor e dramaturgo russo, trabalhou boa parte da vida como funcionário público. Foi também o fundador do conhecido jornal *Otechestvenye Zapiski*, no qual atuou como editor até a proibição do periódico, em 1884. Autor de *Господа Головлёвы* [A família Golovliovi] (1876), por vezes assinava seus trabalhos sob o pseudônimo Nicolai Shchedrin. p. 64.

SIEBER, Nicolai Ivanovitch (1844-1888) – É considerado por alguns o primeiro marxista russo, por ter publicado, em 1871, a primeira dissertação acadêmica do país a respeito da teoria econômica de Marx – que, por sua vez, elogiou a profundidade do trabalho. Seus trabalhos posteriores foram de fundamental importância para a emergência do marxismo na Rússia no fim do século XIX. p. 28, 57.

SMIRNOV, Valerian Nicolaievitch (1849-1900) – Revolucionário russo formado em medicina. Deixou o país em 1871, exilando-se junto ao grupo de intelectuais russos que se estabeleceu na Suíça, onde trabalhou com Piotr Lavrov na publicação do *Avante!*. p. 28, 78.

STEFANOVITCH, Jacob Vasilievitch – Integrante do círculo de intelectuais russos de Genebra, alinhou-se a Vera Ivanovna Zasulitch e outros populistas. p. 81.

TCHERNICHEVSKI, Nicolai Gavrilovich (1828-1899) – O mais importante democrata revolucionário russo. Socialista utópico de grande profundidade, filósofo materialista, escritor e crítico literário, Karl Marx o considerou "grande sábio e crítico russo". Autor do romance *Que fazer?*, cujo título Lenin se apropriou ao escrever sua grande obra teórica de 1902. p. 27, 65, 79, 126, 128-31, 137, 140.

TKATCHOV, Piotr (1844-1886) – Pensador russo responsável por formular o germe de muitos princípios revolucionários que, mais tarde, seriam desenvolvidos por Lenin e outros intelectuais socialistas. Tkatchov, contudo, não deve ser confundido com um marxista, pois seu determinismo econômico em muito diverge do materialismo histórico elaborado por Karl Marx e Friedrich Engels. p. 18-20, 23-6, 29-33, 36-7, 43, 46-9, 51-5, 75, 127-8.

VAILLANT, Édouard (1840-1915) – Político francês admirador de Proudhon, filiou-se à Primeira Internacional e foi um dos autores por trás do célebre pôster *Affiche Rouge*, que clamava pela Comuna de Paris, na qual também lutou. Mais tarde, alinhou-se a Blanqui e outros reformistas. p. 19.

VARINSKI, Ludvic (1856-1889) – Socialista polonês que atuou boa parte de sua vida do exílio na Suíça, onde se alinhou com o grupo de Vera Zasulitch. Em 1882, de volta a Varsóvia, liderou a criação do primeiro partido dos trabalhadores na Polônia, o Proletariado. Por conta disso, acabou sendo condenado pela polícia secreta czarista e morreu na prisão quatro anos depois. p. 81.

VORONZOV, Vasili Pavlovitch (1847-1918) – Economista simpatizante dos *narodniki* e populista liberal. Oriundo de uma família aristocrática, foi muito influenciado pelo materialismo histórico de Marx nos anos 1970, mas acabou alinhando-se àqueles que acreditavam que o desenvolvimento do capitalismo na Rússia não era possível. p. 81.

VRÓBLEVSKI, Valery (1836-1908) – Político e revolucionário polonês, integrou a Comuna de Paris como general, além de ter comandado a Revolta de Janeiro, célebre insurreição polonesa contra a Rússia em 1863. p. 19, 21.

ZASULITCH, Vera Ivanovna (1849-1919) – Originalmente *narodnik*, tornou-se marxista e foi uma das fundadoras do grupo Emancipação do Trabalho (1883). Correspondente de Marx e Engels, em 1900 passou a integrar a redação do jornal *Iskra* (A Centelha) e da revista *Zaria* (Aurora), publicações clandestinas do POSDR idealizadas por Lenin. A partir da cisão de 1903, ficou com os mencheviques. p. 29-30, 32, 58, 60, 62, 70-4, 76-8, 80-2, 85-90, 113, 122.

Ilya Repin, "Detenção de um *narodnik*", 1880-1889, Galeria de Estado Tretyaka, Moscou.

CRONOLOGIA RESUMIDA DE MARX E ENGELS

	Karl Marx	Friedrich Engels	Fatos históricos
1818	Em Trier (capital da província alemã do Reno), nasce Karl Marx (5 de maio), o segundo de oito filhos de Heinrich Marx e Enriqueta Pressburg. Trier na época era influenciada pelo liberalismo revolucionário francês e pela reação ao Antigo Regime, vinda da Prússia.		Simón Bolívar declara a Venezuela independente da Espanha.
1820		Nasce Friedrich Engels (28 de novembro), primeiro dos oito filhos de Friedrich Engels e Elizabeth Franziska Mauritia van Haar, em Barmen, Alemanha. Cresce no seio de uma família de industriais religiosa e conservadora.	George IV se torna rei da Inglaterra, pondo fim à Regência. Insurreição constitucionalista em Portugal.
1824	O pai de Marx, nascido Hirschel, advogado e conselheiro de Justiça, é obrigado a abandonar o judaísmo por motivos profissionais e políticos (os judeus estavam proibidos de ocupar cargos públicos na Renânia). Marx entra para o Ginásio de Trier (outubro).		Simón Bolívar se torna chefe do Executivo do Peru.
1830	Inicia seus estudos no Liceu Friedrich Wilhelm, em Trier.		Estouram revoluções em diversos países europeus. A população de Paris insurge-se contra a promulgação de leis que dissolvem a Câmara e suprimem a liberdade de imprensa. Luís Filipe assume o poder.
1831			Em 14 de novembro, morre Hegel.

Cronologia resumida de Marx e Engels

	Karl Marx	**Friedrich Engels**	**Fatos históricos**
1834		Engels ingressa, em outubro, no Ginásio de Elberfeld.	A escravidão é abolida no Império Britânico. Insurreição operária em Lyon.
1835	Escreve *Reflexões de um jovem perante a escolha de sua profissão*. Presta exame final de bacharelado em Trier (24 de setembro). Inscreve-se na Universidade de Bonn.		Revolução Farroupilha, no Brasil. O Congresso alemão faz moção contra o movimento de escritores Jovem Alemanha.
1836	Estuda Direito na Universidade de Bonn. Participa do Clube de Poetas e de associações estudantis. No verão, fica noivo em segredo de Jenny von Westphalen, sua vizinha em Trier. Em razão da oposição entre as famílias, casar-se-iam apenas sete anos depois. Matricula-se na Universidade de Berlim.	Na juventude, fica impressionado com a miséria em que vivem os trabalhadores das fábricas de sua família. Escreve *Poema*.	Fracassa o golpe de Luís Napoleão em Estrasburgo. Criação da Liga dos Justos.
1837	Transfere-se para a Universidade de Berlim e estuda com mestres como Gans e Savigny. Escreve *Canções selvagens* e *Transformações*. Em carta ao pai, descreve sua relação contraditória com o hegelianismo, doutrina predominante na época.	Por insistência do pai, Engels deixa o ginásio e começa a trabalhar nos negócios da família. Escreve *História de um pirata*.	A rainha Vitória assume o trono na Inglaterra.
1838	Entra para o Clube dos Doutores, encabeçado por Bruno Bauer. Perde o interesse pelo Direito e entrega-se com paixão ao estudo da Filosofia, o que lhe compromete a saúde. Morre seu pai.	Estuda comércio em Bremen. Começa a escrever ensaios literários e sociopolíticos, poemas e panfletos filosóficos em periódicos como o *Hamburg Journal* e o *Telegraph für Deutschland*, entre eles o poema "O beduíno" (setembro), sobre o espírito da liberdade.	Richard Cobden funda a Anti-Corn-Law-League, na Inglaterra. Proclamação da Carta do Povo, que originou o cartismo.
1839		Escreve o primeiro trabalho de envergadura, *Briefe aus dem Wupperthal* [Cartas de Wupperthal], sobre a vida operária em Barmen e na vizinha Elberfeld (*Telegraph für Deutschland*, primavera). Outros viriam, como *Literatura popular alemã*, *Karl Beck* e *Memorabilia de Immermann*. Estuda a filosofia de Hegel.	Feuerbach publica *Zur Kritik der Hegelschen Philosophie* [Crítica da filosofia hegeliana]. Primeira proibição do trabalho de menores na Prússia. Auguste Blanqui lidera o frustrado levante de maio, na França.
1840	K. F. Koeppen dedica a Marx seu estudo *Friedrich der Grosse und seine Widersacher* [Frederico, o Grande, e seus adversários].	Engels publica *Réquiem para o Aldeszeitung alemão* (abril), *Vida literária moderna*, no *Mitternachtzeitung* (março-maio) e *Cidade natal de Siegfried* (dezembro).	Proudhon publica *O que é a propriedade?* [Qu'est-ce que la propriété?].

Lutas de classes na Rússia

	Karl Marx	Friedrich Engels	Fatos históricos
1841	Com uma tese sobre as diferenças entre as filosofias de Demócrito e Epicuro, Marx recebe em Iena o título de doutor em Filosofia (15 de abril). Volta a Trier. Bruno Bauer, acusado de ateísmo, é expulso da cátedra de Teologia da Universidade de Bonn e, com isso, Marx perde a oportunidade de atuar como docente nessa universidade.	Publica *Ernst Moritz Arndt*. Seu pai o obriga a deixar a escola de comércio para dirigir os negócios da família. Engels prosseguiria sozinho seus estudos de filosofia, religião, literatura e política. Presta o serviço militar em Berlim por um ano. Frequenta a Universidade de Berlim como ouvinte e conhece os jovens hegelianos. Critica intensamente o conservadorismo na figura de Schelling, com os escritos *Schelling em Hegel*, *Schelling e a revelação* e *Schelling, filósofo em Cristo*.	Feuerbach traz a público *A essência do cristianismo* [*Das Wesen des Christentums*]. Primeira lei trabalhista na França.
1842	Elabora seus primeiros trabalhos como publicista. Começa a colaborar com o jornal *Rheinische Zeitung* [Gazeta Renana], publicação da burguesia em Colônia, do qual mais tarde seria redator. Conhece Engels, que na ocasião visitava o jornal.	Em Manchester, assume a fiação do pai, a Ermen & Engels. Conhece Mary Burns, jovem trabalhadora irlandesa, que viveria com ele até a morte dela. Mary e a irmã Lizzie mostram a Engels as dificuldades da vida operária, e ele inicia estudos sobre os efeitos do capitalismo no operariado inglês. Publica artigos no *Rheinische Zeitung*, entre eles "Crítica às leis de imprensa prussianas" e "Centralização e liberdade".	Eugène Sue publica *Os mistérios de Paris*. Feuerbach publica *Vorläufige Thesen zur Reform der Philosophie* [Teses provisórias para uma reforma da filosofia]. O Ashley's Act proíbe o trabalho de menores e mulheres em minas na Inglaterra.
1843	Sob o regime prussiano, é fechado o *Rheinische Zeitung*. Marx casa-se com Jenny von Westphalen. Recusa convite do governo prussiano para ser redator no diário oficial. Passa a lua de mel em Kreuznach, onde se dedica ao estudo de diversos autores, com destaque para Hegel. Redige os manuscritos que viriam a ser conhecidos como *Crítica da filosofia do direito de Hegel* [*Zur Kritik der Hegelschen Rechtsphilosophie*]. Em outubro vai a Paris, onde Moses Hess e George Herwegh o apresentam às sociedades secretas socialistas e comunistas e às associações operárias alemãs. Conclui *Sobre a questão judaica* [*Zur Judenfrage*]. Substitui Arnold Ruge na direção dos *Deutsch-Französische Jahrbücher* [Anais Franco-Alemães]. Em dezembro inicia grande amizade com Heinrich Heine e conclui sua "Crítica da filosofia do direito de Hegel –	Engels escreve, com Edgar Bauer, o poema satírico "Como a Bíblia escapa milagrosamente a um atentado impudente, ou o triunfo da fé", contra o obscurantismo religioso. O jornal *Schweuzerisher Republicaner* publica suas "Cartas de Londres". Em Bradford, conhece o poeta G. Weerth. Começa a escrever para a imprensa cartista. Mantém contato com a Liga dos Justos. Ao longo desse período, suas cartas à irmã favorita, Marie, revelam seu amor pela natureza e por música, livros, pintura, viagens, esporte, vinho, cerveja e tabaco.	Feuerbach publica *Grundsätze der Philosophie der Zukunft* [Princípios da filosofia do futuro].

Cronologia resumida de Marx e Engels

	Karl Marx	Friedrich Engels	Fatos históricos
	Introdução" [Zur Kritik der Hegelschen Rechtsphilosophie – Einleitung].		
1844	Em colaboração com Arnold Ruge, elabora e publica o primeiro e único volume dos *Deutsch-Französische Jahrbücher*, no qual participa com dois artigos: "A questão judaica" e "Introdução a uma crítica da filosofia do direito de Hegel". Escreve os *Manuscritos econômico-filosóficos* [*Ökonomisch-philosophische Manuskripte*]. Colabora com o *Vorwärts!* [Avante!], órgão de imprensa dos operários alemães na emigração. Conhece a Liga dos Justos, fundada por Weitling. Amigo de Heine, Leroux, Blanqui, Proudhon e Bakunin, inicia em Paris estreita amizade com Engels. Nasce Jenny, primeira filha de Marx. Rompe com Ruge e desliga-se dos *Deutsch-Französische Jahrbücher*. O governo decreta a prisão de Marx, Ruge, Heine e Bernays pela colaboração nos *Deutsch-Französische Jahrbücher*. Encontra Engels em Paris e em dez dias planejam seu primeiro trabalho juntos, *A sagrada família* [*Die heilige Familie*]. Marx publica no *Vorwärts!* artigo sobre a greve na Silésia.	Em fevereiro, Engels publica *Esboço para uma crítica da economia política* [*Umrisse zu einer Kritik der Nationalökonomie*], texto que influenciou profundamente Marx. Segue à frente dos negócios do pai, escreve para os *Deutsch-Französische Jahrbücher* e colabora com o jornal *Vorwärts!*. Deixa Manchester. Em Paris, torna-se amigo de Marx, com quem desenvolve atividades militantes, o que os leva a criar laços cada vez mais profundos com as organizações de trabalhadores de Paris e Bruxelas. Vai para Barmen.	O Graham's Factory Act regula o horário de trabalho para menores e mulheres na Inglaterra. Fundado o primeiro sindicato operário na Alemanha. Insurreição de operários têxteis na Silésia e na Boêmia.
1845	Por causa do artigo sobre a greve na Silésia, a pedido do governo prussiano Marx é expulso da França, juntamente com Bakunin, Bürgers e Bornstedt. Muda-se para Bruxelas e, em colaboração com Engels, escreve e publica em Frankfurt *A sagrada família*. Ambos começam a escrever *A ideologia alemã* [*Die deutsche Ideologie*], e Marx elabora "As teses sobre Feuerbach" [*Thesen über Feuerbach*]. Em setembro, nasce Laura, segunda filha de Marx e Jenny. Em dezembro, ele renuncia à nacionalidade prussiana.	As observações de Engels sobre a classe trabalhadora de Manchester, feitas anos antes, formam a base de uma de suas obras principais, *A situação da classe trabalhadora na Inglaterra* [*Die Lage der arbeitenden Klasse in England*] (publicada primeiramente em alemão; a edição seria traduzida para o inglês 40 anos mais tarde). Em Barmen, organiza debates sobre as ideias comunistas com Hess e profere os *Discursos de Elberfeld*. Em abril sai de Barmen e encontra Marx em Bruxelas. Juntos, estudam economia e fazem uma breve visita a Manchester (julho e agosto), onde percorrem alguns jornais locais, como o *Manchester Guardian* e o *Volunteer Journal for Lancashire and Cheshire*. É lançada *A situação da classe trabalhadora na Inglaterra*, em Leipzig. Começa sua vida em comum com Mary Burns.	Criada a organização internacionalista Democratas Fraternais, em Londres. Richard M. Hoe registra a patente da primeira prensa rotativa moderna.

	Karl Marx	Friedrich Engels	Fatos históricos
1846	Marx e Engels organizam em Bruxelas o primeiro Comitê de Correspondência da Liga dos Justos, uma rede de correspondentes comunistas em diversos países, a qual Proudhon se nega a integrar. Em carta a Annenkov, Marx critica o recém-publicado *Sistema das contradições econômicas ou Filosofia da miséria* [*Système des contradictions économiques ou Philosophie de la misère*], de Proudhon. Redige com Engels a *Zirkular gegen Kriege* [Circular contra Kriege], crítica a um alemão emigrado dono de um periódico socialista em Nova York. Por falta de editor, Marx e Engels desistem de publicar *A ideologia alemã* (a obra só seria publicada em 1932, na União Soviética). Em dezembro, nasce Edgar, o terceiro filho de Marx.	Seguindo instruções do Comitê de Bruxelas, Engels estabelece estreitos contatos com socialistas e comunistas franceses. No outono, ele se desloca para Paris com a incumbência de estabelecer novos comitês de correspondência. Participa de um encontro de trabalhadores alemães em Paris, propagando ideias comunistas e discorrendo sobre a utopia de Proudhon e o socialismo real de Karl Grün.	Os Estados Unidos declaram guerra ao México. Rebelião polonesa em Cracóvia. Crise alimentar na Europa. Abolidas, na Inglaterra, as "leis dos cereais".
1847	Filia-se à Liga dos Justos, em seguida nomeada Liga dos Comunistas. Realiza-se o primeiro congresso da associação em Londres (junho), ocasião em que se encomenda a Marx e Engels um manifesto dos comunistas. Eles participam do congresso de trabalhadores alemães em Bruxelas e, juntos, fundam a Associação Operária Alemã de Bruxelas. Marx é eleito vice-presidente da Associação Democrática. Conclui e publica a edição francesa de *Miséria da filosofia* [*Misère de la philosophie*] (Bruxelas, julho).	Engels viaja a Londres e participa com Marx do I Congresso da Liga dos Justos. Publica *Princípios do comunismo* [*Grundsätze des Kommunismus*], uma "versão preliminar" do *Manifesto Comunista* [*Manifest der Kommunistischen Partei*]. Em Bruxelas, com Marx, participa da reunião da Associação Democrática, voltando em seguida a Paris para mais uma série de encontros. Depois de atividades em Londres, volta a Bruxelas e escreve, com Marx, o *Manifesto Comunista*.	A Polônia torna-se província russa. Guerra civil na Suíça. Realiza-se em Londres o II Congresso da Liga dos Comunistas (novembro).
1848	Marx discursa sobre o livre-cambismo numa das reuniões da Associação Democrática. Com Engels publica, em Londres (fevereiro), o *Manifesto Comunista*. O governo revolucionário francês, por meio de Ferdinand Flocon, convida Marx a morar em Paris após o governo belga expulsá-lo de Bruxelas. Redige com Engels "Reivindicações do Partido Comunista da Alemanha" [*Forderungen der Kommunistischen Partei in Deutschland*] e organiza o regresso dos membros alemães da Liga dos Comunistas à pátria. Com sua família e com Engels, muda-se	Expulso da França por suas atividades políticas, chega a Bruxelas no fim de janeiro. Juntamente com Marx, toma parte na insurreição alemã, de cuja derrota falaria quatro anos depois em *Revolução e contrarrevolução na Alemanha* [*Revolution und Konterevolution in Deutschland*]. Engels exerce o cargo de editor do *Neue Rheinische Zeitung*, recém-criado por ele e Marx. Participa, em setembro, do Comitê de Segurança Pública criado para rechaçar a contrarrevolução, durante grande ato popular promovido pelo *Neue Rheinische*	Definida, na Inglaterra, a jornada de dez horas para menores e mulheres na indústria têxtil. Criada a Associação Operária, em Berlim. Fim da escravidão na Áustria. Abolição da escravidão nas colônias francesas. Barricadas em Paris: eclode a revolução; o rei Luís Filipe abdica e a República é proclamada. A

Cronologia resumida de Marx e Engels

	Karl Marx	Friedrich Engels	Fatos históricos
	em fins de maio para Colônia, onde ambos fundam o jornal *Neue Rheinische Zeitung* [Nova Gazeta Renana], cuja primeira edição é publicada em 1º de junho, com o subtítulo *Organ der Demokratie*. Marx começa a dirigir a Associação Operária de Colônia e acusa a burguesia alemã de traição. Proclama o terrorismo revolucionário como único meio de amenizar "as dores de parto" da nova sociedade. Conclama ao boicote fiscal e à resistência armada.	*Zeitung*. O periódico sofre suspensões, mas prossegue ativo. Procurado pela polícia, tenta se exilar na Bélgica, onde é preso e depois expulso. Muda-se para a Suíça.	revolução se alastra pela Europa. Em junho, Blanqui lidera novas insurreições operárias em Paris, brutalmente reprimidas pelo general Cavaignac. Decretado estado de sítio em Colônia em reação a protestos populares. O movimento revolucionário reflui.
1849	Marx e Engels são absolvidos em processo por participação nos distúrbios de Colônia (ataques a autoridades publicados no *Neue Rheinische Zeitung*). Ambos defendem a liberdade de imprensa na Alemanha. Marx é convidado a deixar o país, mas ainda publicaria *Trabalho assalariado e capital* [*Lohnarbeit und Kapital*]. O periódico, em difícil situação, é extinto (maio). Marx, em condição financeira precária (vende os próprios móveis para pagar as dívidas), tenta voltar a Paris, mas, impedido de ficar, é obrigado a deixar a cidade em 24 horas. Graças a uma campanha de arrecadação de fundos promovida por Ferdinand Lassalle na Alemanha, Marx se estabelece com a família em Londres, onde nasce Guido, seu quarto filho (novembro).	Em janeiro, Engels retorna a Colônia. Em maio, toma parte militarmente na resistência à reação. À frente de um batalhão de operários, entra em Elberfeld, motivo pelo qual sofre sanções legais por parte das autoridades prussianas, enquanto Marx é convidado a deixar o país. É publicado o último número do *Neue Rheinische Zeitung*. Marx e Engels vão para o sudoeste da Alemanha, onde Engels envolve-se no levante de Baden-Palatinado, antes de seguir para Londres.	Proudhon publica *Les confessions d'un révolutionnaire* [As confissões de um revolucionário]. A Hungria proclama sua independência da Áustria. Após período de refluxo, reorganiza-se no fim do ano, em Londres, o Comitê Central da Liga dos Comunistas, com a participação de Marx e Engels.
1850	Ainda em dificuldades financeiras, organiza a ajuda aos emigrados alemães. A Liga dos Comunistas reorganiza as sessões locais e é fundada a Sociedade Universal dos Comunistas Revolucionários, cuja liderança logo se fraciona. Edita em Londres a *Neue Rheinische Zeitung* [Nova Gazeta Renana], revista de economia política, bem como *Lutas de classe na França* [*Die Klassenkämpfe in Frankreich*]. Morre o filho Guido.	Publica *A guerra dos camponeses na Alemanha* [*Der deutsche Bauernkrieg*]. Em novembro, retorna a Manchester, onde viverá por vinte anos, e às suas atividades na Ermen & Engels; o êxito nos negócios possibilita ajudas financeiras a Marx.	Abolição do sufrágio universal na França.

Lutas de classes na Rússia

	Karl Marx	Friedrich Engels	Fatos históricos
1851	Continua em dificuldades, mas, graças ao êxito dos negócios de Engels em Manchester, conta com ajuda financeira. Dedica-se intensamente aos estudos de economia na biblioteca do Museu Britânico. Aceita o convite de trabalho do *New York Daily Tribune*, mas é Engels quem envia os primeiros textos, intitulados "Contrarrevolução na Alemanha", publicados sob a assinatura de Marx. Hermann Becker publica em Colônia o primeiro e único tomo dos *Ensaios escolhidos de Marx*. Nasce Francisca (28 de março), a quinta de seus filhos.	Engels, ao lado de Marx, começa a colaborar com o Movimento Cartista [Chartist Movement]. Estuda língua, história e literatura eslava e russa.	Na França, golpe de Estado de Luís Bonaparte. Realização da primeira Exposição Universal, em Londres.
1852	Envia ao periódico *Die Revolution*, de Nova York, uma série de artigos sobre *O 18 de brumário de Luís Bonaparte* [*Der achtzehnte Brumaire des Louis Bonaparte*]. Sua proposta de dissolução da Liga dos Comunistas é acolhida. A difícil situação financeira é amenizada com o trabalho para o *New York Daily Tribune*. Morre a filha Francisca, nascida um ano antes.	Publica *Revolução e contrarrevolução na Alemanha* [*Revolution und Konterevolution in Deutschland*]. Com Marx, elabora o panfleto *O grande homem do exílio* [*Die grossen Männer des Exils*] e uma obra, hoje desaparecida, chamada *Os grandes homens oficiais da Emigração*; nela, atacam os dirigentes burgueses da emigração em Londres e defendem os revolucionários de 1848-1849. Expõem, em cartas e artigos conjuntos, os planos do governo, da polícia e do judiciário prussianos, textos que teriam grande repercussão.	Luís Bonaparte é proclamado imperador da França, com o título de Napoleão Bonaparte III.
1853	Marx escreve, tanto para o *New York Daily Tribune* quanto para o *People's Paper*, inúmeros artigos sobre temas da época. Sua precária saúde o impede de voltar aos estudos econômicos interrompidos no ano anterior, o que faria somente em 1857. Retoma a correspondência com Lassalle.	Escreve artigos para o *New York Daily Tribune*. Estuda persa e a história dos países orientais. Publica, com Marx, artigos sobre a Guerra da Crimeia.	A Prússia proíbe o trabalho para menores de 12 anos.
1854	Continua colaborando com o *New York Daily Tribune*, dessa vez com artigos sobre a revolução espanhola.		
1855	Começa a escrever para o *Neue Oder Zeitung*, de Breslau, e segue como colaborador do *New York Daily Tribune*. Em 16 de janeiro, nasce Eleanor, sua sexta filha, e em 6 de abril morre Edgar, o terceiro.	Escreve uma série de artigos para o periódico *Putman*.	Morte de Nicolau I, na Rússia, e ascensão do czar Alexandre II.

Cronologia resumida de Marx e Engels

	Karl Marx	**Friedrich Engels**	**Fatos históricos**
1856	Ganha a vida redigindo artigos para jornais. Discursa sobre o progresso técnico e a revolução proletária em uma festa do *People's Paper*. Estuda a história e a civilização dos povos eslavos. A esposa Jenny recebe uma herança da mãe, o que permite que a família se mude para um apartamento mais confortável.	Acompanhado da mulher, Mary Burns, Engels visita a terra natal dela, a Irlanda.	Morrem Max Stirner e Heinrich Heine. Guerra franco-inglesa contra a China.
1857	Retoma os estudos sobre economia política, por considerar iminente uma nova crise econômica europeia. Fica no Museu Britânico das nove da manhã às sete da noite e trabalha madrugada adentro. Só descansa quando adoece e aos domingos, nos passeios com a família em Hampstead. O médico o proíbe de trabalhar à noite. Começa a redigir os manuscritos que viriam a ser conhecidos como *Grundrisse der Kritik der Politischen Ökonomie* [Esboços de uma crítica da economia política], e que servirão de base à obra *Para a crítica da economia política* [*Zur Kritik der Politischen Ökonomie*]. Escreve a célebre *Introdução de 1857*. Continua a colaborar no *New York Daily Tribune*. Escreve artigos sobre Jean-Baptiste Bernadotte, Simón Bolívar, Gebhard Blücher e outros na *New American Encyclopaedia* [Nova Enciclopédia Americana]. Atravessa um novo período de dificuldades financeiras e tem um novo filho, natimorto.	Adoece gravemente em maio. Analisa a situação no Oriente Médio, estuda a questão eslava e aprofunda suas reflexões sobre temas militares. Sua contribuição para a *New American Encyclopaedia* [Nova Enciclopédia Americana], versando sobre as guerras, faz de Engels um continuador de Von Clausewitz e um precursor de Lenin e Mao Tsé-Tung. Continua trocando cartas com Marx, discorrendo sobre a crise na Europa e nos Estados Unidos.	O divórcio, sem necessidade de aprovação parlamentar, se torna legal na Inglaterra.
1858	O *New York Daily Tribune* deixa de publicar alguns de seus artigos. Marx dedica-se à leitura de *Ciência da lógica* [*Wissenschaft der Logik*] de Hegel. Agravam-se os problemas de saúde e a penúria.	Engels dedica-se ao estudo das ciências naturais.	Morre Robert Owen.
1859	Publica em Berlim *Para a crítica da economia política*. A obra só não fora publicada antes porque não havia dinheiro para postar o original. Marx comentaria: "Seguramente é a primeira vez que alguém escreve sobre o dinheiro com tanta falta dele". O livro, muito esperado, foi um fracasso. Nem seus companheiros mais entusiastas, como Liebknecht e Lassalle, o	Faz uma análise, com Marx, da teoria revolucionária e suas táticas, publicada em coluna do *Das Volk*. Escreve o artigo "Po und Rhein" [Pó e Reno], em que analisa o bonapartismo e as lutas liberais na Alemanha e na Itália. Enquanto isso, estuda gótico e inglês arcaico. Em dezembro, lê o recém-publicado *A origem das espécies* [*The Origin of Species*], de Darwin.	A França declara guerra à Áustria.

Lutas de classes na Rússia

	Karl Marx	Friedrich Engels	Fatos históricos
	compreenderam. Escreve mais artigos no *New York Daily Tribune*. Começa a colaborar com o periódico londrino *Das Volk*, contra o grupo de Edgar Bauer. Marx polemiza com Karl Vogt (a quem acusa de ser subsidiado pelo bonapartismo), Blind e Freiligrath.		
1860	Vogt começa uma série de calúnias contra Marx, e as querelas chegam aos tribunais de Berlim e Londres. Marx escreve *Herr Vogt* [Senhor Vogt].	Engels vai a Barmen para o sepultamento de seu pai (20 de março). Publica a brochura *Savoia, Nice e o Reno* [*Savoyen, Nizza und der Rhein*], polemizando com Lassalle. Continua escrevendo para vários periódicos, entre eles o *Allgemeine Militar Zeitung*. Contribui com artigos sobre o conflito de secessão nos Estados Unidos no *New York Daily Tribune* e no jornal liberal *Die Presse*.	Giuseppe Garibaldi toma Palermo e Nápoles.
1861	Enfermo e depauperado, Marx vai à Holanda, onde o tio Lion Philiph concorda em adiantar-lhe uma quantia, por conta da herança de sua mãe. Volta a Berlim e projeta com Lassalle um novo periódico. Reencontra velhos amigos e visita a mãe em Trier. Não consegue recuperar a nacionalidade prussiana. Regressa a Londres e participa de uma ação em favor da libertação de Blanqui. Retoma seus trabalhos científicos e a colaboração com o *New York Daily Tribune* e o *Die Presse* de Viena.		Guerra civil norte-americana. Abolição da servidão na Rússia.
1862	Trabalha o ano inteiro em sua obra científica e encontra-se várias vezes com Lassalle para discutirem seus projetos. Em suas cartas a Engels, desenvolve uma crítica à teoria ricardiana sobre a renda da terra. O *New York Daily Tribune*, justificando-se com a situação econômica interna norte-americana, dispensa os serviços de Marx, o que reduz ainda mais seus rendimentos. Viaja à Holanda e a Trier, e novas solicitações ao tio e à mãe são negadas. De volta a Londres, tenta um cargo de escrevente da ferrovia, mas é reprovado por causa da caligrafia.		Nos Estados Unidos, Lincoln decreta a abolição da escravatura. O escritor Victor Hugo publica *Les misérables* [Os miseráveis].

Cronologia resumida de Marx e Engels

	Karl Marx	Friedrich Engels	Fatos históricos
1863	Marx continua seus estudos no Museu Britânico e se dedica também à matemática. Começa a redação definitiva de *O capital* [*Das Kapital*] e participa de ações pela independência da Polônia. Morre sua mãe (novembro), deixando-lhe algum dinheiro como herança.	Morre, em Manchester, Mary Burns, companheira de Engels (6 de janeiro). Ele permaneceria morando com a cunhada Lizzie. Esboça, mas não conclui um texto sobre rebeliões camponesas.	
1864	Malgrado a saúde, continua a trabalhar em sua obra científica. É convidado a substituir Lassalle (morto em duelo) na Associação Geral dos Operários Alemães. O cargo, entretanto, é ocupado por Becker. Apresenta o projeto e o estatuto de uma Associação Internacional dos Trabalhadores, durante encontro internacional no Saint Martin's Hall de Londres. Marx elabora o "Manifesto de Inauguração da Associação Internacional dos Trabalhadores".	Engels participa da fundação da Associação Internacional dos Trabalhadores, depois conhecida como a Primeira Internacional. Torna-se coproprietário da Ermen & Engels. No segundo semestre, contribui, com Marx, para o *Sozial-Demokrat*, periódico da social-democracia alemã que populariza as ideias da Internacional na Alemanha.	Dühring traz a público seu *Kapital und Arbeit* [Capital e trabalho]. Fundação, na Inglaterra, da Associação Internacional dos Trabalhadores. É reconhecido o direito a férias na França. Morre Wilhelm Wolff, amigo íntimo de Marx, a quem é dedicado *O capital*.
1865	Conclui a primeira redação de *O capital* e participa do Conselho Central da Internacional (setembro), em Londres. Marx escreve *Salário, preço e lucro* [*Lohn, Preis und Profit*]. Publica no *Sozial-Demokrat* uma biografia de Proudhon, morto recentemente. Conhece o socialista francês Paul Lafargue, seu futuro genro.	Recebe Marx em Manchester. Ambos rompem com Schweitzer, diretor do *Sozial-Demokrat*, por sua orientação lassalliana. Suas conversas sobre o movimento da classe trabalhadora na Alemanha resultam em um artigo para a imprensa. Engels publica *A questão militar na Prússia e o Partido Operário Alemão* [*Die preussische Militärfrage und die deutsche Arbeiterpartei*].	Assassinato de Lincoln. Proudhon publica *De la capacité politique des classes ouvrières* [A capacidade política das classes operárias]. Morre Proudhon.
1866	Apesar dos intermináveis problemas financeiros e de saúde, Marx conclui a redação do Livro I de *O capital*. Prepara a pauta do primeiro Congresso da Internacional e as teses do Conselho Central. Pronuncia discurso sobre a situação na Polônia.	Escreve a Marx sobre os trabalhadores emigrados da Alemanha e pede a intervenção do Conselho Geral da Internacional.	Na Bélgica, é reconhecido o direito de associação e a férias. Fome na Rússia.
1867	O editor Otto Meissner publica, em Hamburgo, o primeiro volume de *O capital*. Os problemas de Marx o impedem de prosseguir no projeto. Redige instruções para Wilhelm Liebknecht, recém-ingressado na Dieta prussiana como representante social-democrata.	Engels estreita relações com os revolucionários alemães, especialmente Liebknecht e Bebel. Envia carta de congratulações a Marx pela publicação do Livro I de *O capital*. Estuda as novas descobertas da química e escreve artigos e matérias sobre *O capital*, com fins de divulgação.	

Lutas de classes na Rússia

	Karl Marx	Friedrich Engels	Fatos históricos
1868	Piora o estado de saúde de Marx, e Engels continua ajudando-o financeiramente. Marx elabora estudos sobre as formas primitivas de propriedade comunal, em especial sobre o *mir* russo. Corresponde-se com o russo Danielson e lê Dühring. Bakunin se declara discípulo de Marx e funda a Aliança Internacional da Social-Democracia. Casamento da filha Laura com Lafargue.	Engels elabora uma sinopse do Livro I de *O capital*.	Em Bruxelas, acontece o Congresso da Associação Internacional dos Trabalhadores (setembro).
1869	Liebknecht e Bebel fundam o Partido Operário Social-Democrata alemão, de linha marxista. Marx, fugindo das polícias da Europa continental, passa a viver em Londres com a família, na mais absoluta miséria. Continua os trabalhos para o segundo livro de *O capital*. Vai a Paris sob nome falso, onde permanece algum tempo na casa de Laura e Lafargue. Mais tarde, acompanhado da filha Jenny, visita Kugelmann em Hannover. Estuda russo e a história da Irlanda. Corresponde-se com De Paepe sobre o proudhonismo e concede uma entrevista ao sindicalista Haman sobre a importância da organização dos trabalhadores.	Em Manchester, dissolve a empresa Ermen & Engels, que havia assumido após a morte do pai. Com um soldo anual de 350 libras, auxilia Marx e sua família. Mantém intensa correspondência com Marx. Começa a contribuir com o *Volksstaat*, o órgão de imprensa do Partido Social-Democrata alemão. Escreve uma pequena biografia de Marx, publicada no *Die Zukunft* (julho). É lançada a primeira edição russa do *Manifesto Comunista*. Em setembro, acompanhado de Lizzie, Marx e Eleanor, visita a Irlanda.	Fundação do Partido Social-Democrata alemão. Congresso da Primeira Internacional na Basileia, Suíça.
1870	Continua interessado na situação russa e em seu movimento revolucionário. Em Genebra, instala-se uma seção russa da Internacional, na qual se acentua a oposição entre Bakunin e Marx, que redige e distribui uma circular confidencial sobre as atividades dos bakunistas e sua aliança. Redige o primeiro comunicado da Internacional sobre a guerra franco-prussiana e exerce, a partir do Conselho Central, uma grande atividade em favor da República francesa. Por meio de Serrailler, envia instruções para os membros da Internacional presos em Paris. A filha Jenny colabora com Marx em artigos para *A Marselhesa* sobre a repressão dos irlandeses por policiais britânicos.	Engels escreve *História da Irlanda* [*Die Geschichte Irlands*]. Começa a colaborar com o periódico inglês *Pall Mall Gazette*, discorrendo sobre a guerra franco-prussiana. Deixa Manchester em setembro, acompanhado de Lizzie, e instala-se em Londres para promover a causa comunista. Lá, continua escrevendo para o *Pall Mall Gazette*, dessa vez sobre o desenvolvimento das oposições. É eleito por unanimidade para o Conselho Geral da Primeira Internacional. O contato com o mundo do trabalho permitiu a Engels analisar, em profundidade, as formas de desenvolvimento do modo de produção capitalista. Suas conclusões seriam utilizadas por Marx em *O capital*.	Na França, são presos membros da Internacional Comunista. Em 22 de abril, nasce Vladimir Lenin.

Cronologia resumida de Marx e Engels

	Karl Marx	Friedrich Engels	Fatos históricos
1871	Atua na Internacional em prol da Comuna de Paris. Instrui Frankel e Varlin e redige o folheto *Der Bürgerkrieg in Frankreich* [*A guerra civil na França*]. É violentamente atacado pela imprensa conservadora. Em setembro, durante a Internacional em Londres, é reeleito secretário da seção russa. Revisa o Livro I de *O capital* para a segunda edição alemã.	Prossegue suas atividades no Conselho Geral e atua junto à Comuna de Paris, que instaura um governo operário na capital francesa entre 26 de março e 28 de maio. Participa com Marx da Conferência de Londres da Internacional.	A Comuna de Paris, instaurada após a revolução vitoriosa do proletariado, é brutalmente reprimida pelo governo francês. Legalização das trade unions na Inglaterra.
1872	Acerta a primeira edição francesa de *O capital* e recebe exemplares da primeira edição russa, lançada em 27 de março. Participa dos preparativos do V Congresso da Internacional em Haia, quando se decide a transferência do Conselho Geral da organização para Nova York. Jenny, a filha mais velha, casa-se com o socialista Charles Longuet.	Redige com Marx uma circular confidencial sobre supostos conflitos internos da Internacional, envolvendo bakunistas na Suíça, intitulado *As pretensas cisões na Internacional* [*Die angeblichen Spaltungen in der Internationale*]. Ambos intervêm contra o lassalianismo na social-democracia alemã e escrevem um prefácio para a nova edição alemã do *Manifesto Comunista*. Engels participa do Congresso da Associação Internacional dos Trabalhadores.	Morrem Ludwig Feuerbach e Bruno Bauer. Bakunin é expulso da Internacional no Congresso de Haia.
1873	Impressa a segunda edição de *O capital* em Hamburgo. Marx envia exemplares a Darwin e Spencer. Por ordens de seu médico, é proibido de realizar qualquer tipo de trabalho.	Com Marx, escreve para periódicos italianos uma série de artigos sobre as teorias anarquistas e o movimento das classes trabalhadoras.	Morre Napoleão III. As tropas alemãs se retiram da França.
1874	É negada a Marx a cidadania inglesa, "por não ter sido fiel ao rei". Com a filha Eleanor, viaja a Karlsbad para tratar da saúde numa estação de águas.	Prepara a terceira edição de *A guerra dos camponeses alemães*.	Na França, são nomeados inspetores de fábricas e é proibido o trabalho em minas para mulheres e menores.
1875	Continua seus estudos sobre a Rússia. Redige observações ao Programa de Gotha, da social-democracia alemã.	Por iniciativa de Engels, é publicada *Crítica do Programa de Gotha* [*Kritik des Gothaer Programms*], de Marx.	Morre Moses Hess.
1876	Continua o estudo sobre as formas primitivas de propriedade na Rússia. Volta com Eleanor a Karlsbad para tratamento.	Elabora escritos contra Dühring, discorrendo sobre a teoria marxista, publicados inicialmente no *Vorwärts!* e transformados em livro posteriormente.	É fundado o Partido Socialista do Povo na Rússia. Crise na Primeira Internacional. Morre Bakunin.
1877	Marx participa de campanha na imprensa contra a política de Gladstone em relação à Rússia e trabalha no Livro II de *O capital*. Acometido novamente de	Conta com a colaboração de Marx na redação final do *Anti-Dühring* [*Herrn Eugen Dühring's Umwälzung der Wissenschaft*]. O amigo colabora com o capítulo 10	A Rússia declara guerra à Turquia.

Lutas de classes na Rússia

	Karl Marx	Friedrich Engels	Fatos históricos
	insônias e transtornos nervosos, viaja com a esposa e a filha Eleanor para descansar em Neuenahr e na Floresta Negra.	da parte 2 ("Da história crítica"), discorrendo sobre a economia política.	
1878	Paralelamente ao Livro II de *O capital*, Marx trabalha na investigação sobre a comuna rural russa, complementada com estudos de geologia. Dedica-se também à *Questão do Oriente* e participa de campanha contra Bismarck e Lothar Bücher.	Publica o *Anti-Dühring* e, atendendo ao pedido de Wolhelm Bracke feito um ano antes, publica pequena biografia de Marx, intitulada *Karl Marx*. Morre Lizzie.	Otto von Bismarck proíbe o funcionamento do Partido Socialista na Prússia. Primeira grande onda de greves operárias na Rússia.
1879	Marx trabalha nos Livros II e III de *O capital*.		
1880	Elabora um projeto de pesquisa a ser executado pelo Partido Operário francês. Torna-se amigo de Hyndman. Ataca o oportunismo do periódico *Sozial-Demokrat* alemão, dirigido por Liebknecht. Escreve as *Randglossen zu Adolph Wagners Lehrbuch der politischen Ökonomie* [Glosas marginais ao tratado de economia política de Adolph Wagner]. Bebel, Bernstein e Singer visitam Marx em Londres.	Engels lança uma edição especial de três capítulos do *Anti-Dühring*, sob o título *Socialismo utópico e científico* [*Die Entwicklung des Socialismus Von der Utopie zur Wissenschaft*]. Marx escreve o prefácio do livro. Engels estabelece relações com Kautsky e conhece Bernstein.	Morre Arnold Ruge.
1881	Prossegue os contatos com os grupos revolucionários russos e mantém correspondência com Zasulitch, Danielson e Nieuwenhuis. Recebe a visita de Kautsky. Jenny, sua esposa, adoece. O casal vai a Argenteuil visitar a filha Jenny e Longuet. Morre Jenny Marx.	Enquanto prossegue em suas atividades políticas, estuda a história da Alemanha e prepara *Labor Standard*, um diário dos sindicatos ingleses. Escreve um obituário pela morte de Jenny Marx (8 de dezembro).	Fundação da Federation of Labor Unions nos Estados Unidos. Assassinato do czar Alexandre II.
1882	Continua as leituras sobre os problemas agrários da Rússia. Acometido de pleurisia, visita a filha Jenny em Argenteuil. Por prescrição médica, viaja pelo Mediterrâneo e pela Suíça. Lê sobre física e matemática.	Redige com Marx um novo prefácio para a edição russa do *Manifesto Comunista*.	Os ingleses bombardeiam Alexandria e ocupam o Egito e o Sudão.
1883	A filha Jenny morre em Paris (janeiro). Deprimido e muito enfermo, com problemas respiratórios, Marx morre em Londres, em 14 de março. É sepultado no Cemitério de Highgate.	Começa a esboçar *A dialética da natureza* [*Dialektik der Natur*], publicada postumamente em 1927. Escreve outro obituário, dessa vez para a filha de Marx, Jenny. No sepultamento de Marx, profere o que ficaria conhecido como *Discurso diante da sepultura de Marx* [*Das Begräbnis von Karl Marx*]. Após a morte do amigo,	Implantação dos seguros sociais na Alemanha. Fundação de um partido marxista na Rússia e da Sociedade Fabiana, que mais tarde daria origem ao Partido Trabalhista na Inglaterra. Crise

Cronologia resumida de Marx e Engels

Karl Marx	Friedrich Engels	Fatos históricos
	publica uma edição inglesa do Livro I de *O capital*; imediatamente depois, prefacia a terceira edição alemã da obra e já começa a preparar o Livro II.	econômica na França; forte queda na Bolsa.
1884	Publica *A origem da família, da propriedade privada e do Estado* [*Der Ursprung der Familie, des Privateigentum und des Staates*].	Fundação da Sociedade Fabiana de Londres.
1885	Editado por Engels, é publicado o Livro II de *O capital*.	
1887	Karl Kautsky conclui o artigo "O socialismo jurídico", resposta de Engels a um livro do jurista Anton Menger, e o publica sem assinatura na *Neue Zeit*.	
1889		É fundada em Paris a II Internacional.
1894	Também editado por Engels, é publicado o Livro III de *O capital*. O mundo acadêmico ignorou a obra por muito tempo, embora os principais grupos políticos logo tenham começado a estudá-la. Engels publica os textos *Contribuição à história do cristianismo primitivo* [*Zur Geschischte des Urchristentums*] e *A questão camponesa na França e na Alemanha* [*Die Bauernfrage in Frankreich und Deutschland*].	O oficial francês de origem judaica Alfred Dreyfus, acusado de traição, é preso. Protestos antissemitas multiplicam-se nas principais cidades francesas.
1895	Redige uma nova introdução para *As lutas de classes na França*. Após longo tratamento médico, Engels morre em Londres (5 de agosto). Suas cinzas são lançadas ao mar em Eastbourne. Dedicou-se até o fim da vida a completar e traduzir a obra de Marx, ofuscando a si próprio e a sua obra em favor do que ele considerava a causa mais importante.	Os sindicatos franceses fundam a Confederação Geral do Trabalho. Os irmãos Lumière fazem a primeira projeção pública do cinematógrafo.

COLEÇÃO MARX-ENGELS

O 18 de brumário de Luís Bonaparte
Karl Marx
Tradução de **Nélio Schneider**
Prólogo de **Herbert Marcuse**

Anti-Dühring: a revolução da ciência segundo o senhor Eugen Dühring
Friedrich Engels
Tradução de **Nélio Schneider**
Apresentação de **José Paulo Netto**
Orelha de **Camila Moreno**

O capital: crítica da economia política, Livro I
Karl Marx
Tradução de **Rubens Enderle**
Textos introdutórios de **José Arthur Gianotti, Louis Althusser** e **Jacob Gorender**

O capital: crítica da economia política, Livro II
Karl Marx
Edição de **Friedrich Engels**
Seleção de textos e tradução de **Rubens Enderle**
Prefácio de **Michael Heinrich**

O capital: crítica da economia política, Livro III
Karl Marx
Edição de **Friedrich Engels**
Tradução de **Rubens Enderle**
Apresentação de **Marcelo Dias Carcanholo** e **Rosa Luxemburgo**

Crítica da filosofia do direito de Hegel
Karl Marx
Tradução de **Rubens Enderle** e **Leonardo de Deus**

Crítica do Programa de Gotha
Karl Marx
Tradução de **Rubens Enderle**
Apresentação e quarta capa de **Michael Löwy**

Grundrisse: manuscritos econômicos de 1857-1858
Karl Marx
Tradução de **Mario Duayer** e **Nélio Schneider**,
com **Alice Helga Werner** e **Rudiger Hoffman**
Apresentação de **Mario Duayer**

A guerra civil na França
Karl Marx
Tradução de **Rubens Enderle**
Apresentação de **Antonio Rago Filho**

A ideologia alemã
Karl Marx e **Friedrich Engels**
Tradução de **Rubens Enderle, Nélio Schneider** e **Luciano Martorano**
Apresentação de **Emir Sader**

Lutas de classes na Alemanha
Karl Marx e Friedrich Engels
Tradução de **Nélio Schneider**
Prefácio de **Michael Löwy**

As lutas de classes na França de 1848 a 1850
Karl Marx
Tradução de **Nélio Schneider**
Prefácio de **Friedrich Engels**

Lutas de classes na Rússia
Textos de **Karl Marx e Friedrich Engels**
Organização de **Michael Löwy**
Tradução de **Nélio Schneider**

Manifesto Comunista
Karl Marx e Friedrich Engels
Tradução de **Ivana Jinkings e Álvaro Pina**

Manuscritos econômico-filosóficos
Karl Marx
Tradução de **Jesus Ranieri**

A origem d família, da propriedade privada e do Estado
Friedrich Engels
Tradução de **Nélio Schneider**

A sagrada família
Karl Marx e Friedrich Engels
Tradução de **Marcelo Backes**

A situação da classe trabalhadora na Inglaterra
Friedrich Engels
Tradução de **B. A. Schumann**

O socialismo jurídico
Friedrich Engels
Tradução de **Livia Cotrim e Márcio Bilharinho Naves**

Sobre a questão da moradia
Friedrich Engels
Tradução de **Nélio Schneider**

Sobre a questão judaica
Karl Marx
Tradução de **Nélio Schneider e Wanda Caldeira Brant**
Apresentação e posfácio de **Daniel Bensaïd**

Sobre o suicídio
Karl Marx
Tradução de **Rubens Enderle e Francisco Fontanella**

Últimos escritos econômicos
Karl Marx
Organização de **Sávio Cavalcante e Hyury Pinheiro**
Tradução de **Hyury Pinheiro**

Publicado 75 anos após a morte do historiador ucraniano David Riazanov, fundador do Instituto Marx-Engels, este livro foi composto em Palatino Linotype, 11/15, e Optima, 10,5/15, e reimpresso em papel Pólen Natural 80 g/m² na gráfica Rettec, para a Boitempo, em fevereiro de 2025, com tiragem de mil exemplares.